REFLEXÕES PARA UMA VIDA
COM MAIS SIGNIFICADO

A ARTE
DE SER

REFLEXÕES PARA UMA VIDA
COM MAIS SIGNIFICADO

A ARTE
DE SER

ERICH FROMM

Tradução
Diego Franco Gonçales

PAIDÓS

Copyright © pelo espólio de Erich Fromm, 1989
Copyright do prefácio © Rainer Funk, 1989, 1992
Primeira publicação em tradução alemã de Vom Haben Zum Sein, por Beltz Verlag, Weinheim u. Basel, 1989
Edição original em inglês de The Art of Being publicada pela primeira vez por Continuum Publishing Company, Nova York, 1992
Copyright © Editora Planeta do Brasil, 2025
Copyright da tradução brasileira © Diego Franco Gonçales, 2025
Todos os direitos reservados.
Título original: *The Art of Being*

Preparação: Cassia da Rosa
Revisão: Ana Maria Fiorini e Caroline Silva
Projeto gráfico e diagramação: Futura
Capa: Fabio Oliveira
Imagem de capa: Pieter de Josselin de Jong/Rijksmuseum

DADOS INTERNACIONAIS DE CATALOGAÇÃO NA PUBLICAÇÃO (CIP)
ANGÉLICA ILACQUA CRB-8/7057

Fromm, Erich
   A arte de ser : reflexões para uma vida com mais significado/ Erich Fromm ; tradução de Diego Franco Gonçales. -- São Paulo : Planeta do Brasil, 2025.
   192 p.

   ISBN 978-85-422-3194-6

   1. Psicanálise I. Título II. Gonçales, Diego Franco

25-0492   CDD 150.195

Índice para catálogo sistemático:
1. Psicanálise

Ao escolher este livro, você está apoiando o manejo responsável das florestas do mundo

2025
Todos os direitos desta edição reservados à
Editora Planeta do Brasil Ltda.
Rua Bela Cintra, 986 – 4º andar – Consolação
01415-002 – São Paulo-SP
www.planetadelivros.com.br
faleconosco@editoraplaneta.com.br

Prefácio do editor 7

Parte 1
1. Sobre a arte de ser 15

Parte 2
2. Grandes farsas 29
3. Conversas triviais 41
4. "Zero esforço, zero dor" 47
5. "Antiautoritarismo" 51

Parte 3
6. "Desejar uma só coisa" 59
7. Estar desperto 63
8. Estar ciente 69

9. Concentrar-se 79
10. Meditar 87

Parte 4
11. Psicanálise e autoconsciência 97
12. Autoanálise 111
13. Métodos de autoanálise 117

Parte 5
14. Sobre a cultura do ter 141
15. Sobre a filosofia do ter 153
16. Sobre a psicologia do ter 167

Parte 6
17. Do ter ao bem-estar 181

Referências 187

Prefácio do editor*

Entre 1974 e 1976, enquanto trabalhava no livro *Ter ou ser?* em sua casa em Locarno, na Suíça, o já idoso Erich Fromm escreveu muito mais manuscritos e capítulos do que os que acabaram entrando no livro, publicado em 1976. Alguns desses capítulos estão contidos no presente volume. Eles abordam apenas os "passos em direção ao ser" que se pode dar para instruir-se na "arte de ser".

Fromm excluiu os capítulos sobre os "passos em direção ao ser" pouco antes da composição de *Ter ou ser?*, porque acreditava que o *eu* do livro poderia ser mal interpretado: como se cada indivíduo tivesse *apenas* que procurar o bem-estar espiritual na autoconsciência, no desenvolvimento e análise de si mesmo, sem alterar as realidades econômicas que produzem o modo do ter. As raízes da orientação para o "ter", fenômenos de massa típicos de uma sociedade exuberante que tem tudo, devem ser

---

* Texto traduzido do alemão para o inglês por Lance W. Garner, a partir do qual essa tradução foi extraída. [N.T.]

procuradas nas realidades econômicas, políticas e sociais da sociedade industrial moderna, especialmente na sua organização do trabalho e nos seus modos de produção.

Apesar de a nossa orientação para o ter estar enraizada nas realidades estruturais da cultura industrial de hoje, a superação dessas realidades consiste em redescobrir os próprios poderes psíquicos, intelectuais e físicos das pessoas e nas suas possibilidades de autodeterminação. Por essa razão, estes "passos em direção ao ser" estão sendo publicados agora. Eles pretendem ser um guia para a autoconsciência produtiva.

As tendências recentes certamente deixaram claro que a consciência, a realização, o desenvolvimento etc. de si mesmo quase sempre significam algo diferente do aprimoramento dos próprios poderes subjetivos. Hoje, em geral, o narcisismo individual está simplesmente sendo fortalecido, e a incapacidade de raciocinar e de amar (que, segundo Fromm, são características de uma orientação para o ser) arraiga-se à medida que as técnicas de autoconsciência oferecem novas muletas de orientação para o ter.

O seguinte resumo de algumas das afirmações feitas anteriormente em *Ter ou ser?* não pretende substituir a leitura daquele livro, mas sim lembrar suas reflexões mais importantes a todos aqueles que o leram.

Erich Fromm entendeu que as alternativas ser ou ter referiam-se "a dois modos fundamentais de existência, a dois tipos diferentes de orientação em relação a si mesmo e ao mundo, a dois tipos diferentes de estrutura de caráter, cuja respectiva predominância determina a totalidade do pensamento, sentimento e ação de uma pessoa" (*Ter ou ser?*, p. 42). Se investigarmos todas as maneiras possíveis como alguém pode orientar sua vida, chegaremos a esta conclusão: no final, as pessoas orientam sua vida ou para o ter ou para o ser.

O que significa quando alguém, em última análise, orienta sua vida para o ter?

Quem quer que oriente sua vida para o ter determina a si mesmo, a sua existência, o sentido da sua vida e o seu modo de vida de acordo com o que tem, o que pode ter e o que pode ter mais. Ora, não há quase nada que não possa se tornar objeto do ter e do desejo de ter: coisas materiais de todos os tipos – a casa própria, dinheiro, ações, obras de arte, livros, selos, moedas e outras coisas que, em parte, podem ser acumuladas com "a paixão de um colecionador".

As pessoas também podem se tornar objeto do ter ou do desejo de ter. É claro que ninguém diz que tomou posse de outra pessoa e que considera essa pessoa sua propriedade. Somos mais "atenciosos" nesse aspecto; preferimos dizer que nos preocupamos com os outros e assumimos responsabilidade por eles. Mas é sabido que quem tem responsabilidade pelos outros também tem o direito de dispor deles. Assim, as crianças, os deficientes, os idosos, os doentes e os que necessitam de cuidados são considerados como posse, como parte do *eu* de quem os possui – e ai do doente que sarar e da criança que quiser decidir por si mesma. A determinação pelo modo do ter torna-se então bem óbvia.

Como se não bastasse poder "tomar posse" de outras pessoas, nós também determinamos a conduta de nossas vidas assumindo ou adquirindo virtudes e honras. O que nos importa é ter a estima alheia, uma certa imagem, saúde, beleza ou juventude, e, quando isso não for mais possível, queremos pelo menos ter "experiência" ou "memórias". Convicções de natureza política, ideológica e religiosa também podem ser adquiridas como posses e resolutamente defendidas – até ao derramamento de sangue. Tudo depende de alguém estar em posse da verdade ou com a razão.

Praticamente qualquer coisa pode ser possuída se uma pessoa orientar seu modo de vida para o ter. A questão não é se alguém tem ou não algo, mas sim se seu coração está voltado para aquilo que tem ou não tem. A orientação para o não ter é também uma orientação para o ter. Fromm não está defendendo o ascetismo; a orientação para o "ser" é precisamente aquilo que não é idêntico à orientação para o "não ter". A questão perpétua diz respeito à posição que o ter ou o não ter ocupa na determinação do propósito de alguém em sua vida e na determinação da própria identidade. Muitas vezes, é difícil distinguir se alguém possui algo no modo de existência do ter ou, para citar Fromm, se alguém "tem como se não tivesse". Ainda assim, cada pessoa pode rapidamente testar a si própria perguntando-se o que considera particularmente valioso, tendo assim uma ideia do que aconteceria se ela perdesse o que é importante e valioso: se ficaria sem chão e se assim sua vida perderia o sentido. Se a pessoa não consegue mais sentir qualquer autoconfiança ou autovalor (intrínseco a si mesma), se a vida e o trabalho não valem mais nada, então a pessoa está determinando a vida de acordo com uma orientação para o ter: ter uma bela vocação, filhos obedientes, um bom relacionamento, inspirações profundas, melhores argumentos e assim por diante.

A pessoa orientada para o ter sempre faz uso de muletas, e não dos próprios pés. Essa pessoa usa um objeto externo para existir, para ser como deseja. A pessoa é ela mesma apenas na medida em que *tem* alguma coisa. Ela determina o ser como sujeito de acordo com a posse de um objeto. Está possuída por objetos e, portanto, pelo objetivo de tê-los.

Ao mesmo tempo, a metáfora das muletas substituindo os próprios pés torna aparente o que se entende por uma orientação diferente, a do ser. Assim como uma pessoa tem capacidade física para a autossuficiência, que pode ser substituída por muletas se necessário, também tem habilidades psíquicas para a autossuficiência: capacidade para amar, capacidade para raciocinar e capacidade para uma atividade produtiva. Mas também é possível que uma pessoa substitua esses poderes psíquicos inatos por uma orientação para o ter, de modo que a capacidade para o amor, para a razão e para uma atividade produtiva dependa da posse dos objetos do ter nos quais depositou seu coração.

O amor, a razão e as atividades produtivas são as próprias forças psíquicas que surgem e crescem apenas na medida em que são praticadas; elas não podem ser consumidas, compradas ou tidas como objetos de posse; pode-se apenas praticá-las, exercê-las, executá-las ou arriscar-se nelas. Em contraste com os objetos do ter – que são gastos no uso –, o amor, a razão e as atividades produtivas crescem e aumentam quando são compartilhados e usados.

A orientação para o ser sempre significa que o propósito da vida é orientado para as próprias forças psíquicas. A pessoa reconhece, conhece e assimila o fato de que o desconhecido e o estranho, nela própria e no mundo exterior, são características de *si mesma*. Ao aprender isso, a pessoa alcança um relacionamento maior e mais abrangente consigo mesma e com o meio ambiente.

Em *Ter ou ser?*, Fromm partiu da observação de que a orientação atual para o ter é um fenômeno de massas fundado nas realidades econômicas e sociais de uma sociedade que tem demais e que pode, portanto, sucumbir à tentação de se deixar determinar ou definir pelo ter. A enorme perda das forças psíquicas dos indivíduos pode ser encontrada nas realidades estruturais da economia atual, da organização atual do trabalho e da vida social atual.

Se as raízes do desenvolvimento fatídico do indivíduo devem ser buscadas principalmente no destino socioeconomicamente determinado das pessoas de hoje, então é válido proceder com base nessas raízes e compreender o indivíduo como tendo sido socializado desde sempre. É por isso que Fromm substituiu o capítulo sobre "Passos em direção ao ser" pelas suas sugestões para a mudança estrutural. E é por isso que os esforços de um indivíduo para mudar de uma orientação no sentido do ter para uma orientação no sentido do ser só serão coerentes se esses esforços mudarem simultaneamente a estrutura do seu próprio ambiente. Na atividade vocacional, na organização do próprio trabalho e na autoconsciência política e social, os valores orientadores do próprio modo socioeconômico de vida devem ser alterados para que se possa experimentar genuinamente as próprias forças psíquicas da razão, do amor e das atividades produtivas, bem como para que esses poderes possam crescer pelo uso.

Nossa tentativa de alcançar a autoconsciência e o autodesenvolvimento, de chegar a uma visão de nós mesmos e do nosso mundo que corresponda verdadeiramente à realidade interna e externa, está ligada à libertação do nosso modo de vida socioeconômico. Na verdade, é "somente na medida em que a prática da vida estiver liberta das suas contradições e da sua irracionalidade que o mapa poderá corresponder à realidade", disse o autor em *Ter ou ser?*

Neste volume, Erich Fromm mostra pela primeira vez os falsos caminhos da autoconsciência, tal como os reconheceu e identificou claramente anos atrás, com todo um páthos didático. Ainda assim, ele sugere maneiras de adquirir autoconsciência e compartilha conosco os passos em direção ao ser que ele próprio praticou diariamente, dando muita atenção à autoanálise como uma aplicação da psicanálise.

Como a presente obra, aqui disponibilizada pela primeira vez, não foi preparada para publicação pelo próprio Fromm, houve necessidade de complementações ocasionais tanto na divisão e sistematização do texto quanto nos títulos dos capítulos.

Rainer Funk
Tubinga (Alemanha), 1992

Parte 1

1. Sobre a arte de ser

Na primeira parte deste* livro, tentei descrever a natureza dos modos de existência do *ter* e do *ser*, e as consequências que o domínio de qualquer um dos modos tem para o bem-estar do ser humano. Concluímos que a plena humanização da pessoa requer a passagem da orientação centrada na posse para a orientação centrada na atividade, do egoísmo e do egocentrismo para a solidariedade e o altruísmo. Na segunda parte, quero fazer algumas sugestões práticas relativas aos passos que podem ser úteis como preparação para o esforço de avançar em direção a essa humanização.

A discussão sobre os passos na prática da arte de viver deve começar com as perguntas das quais depende toda a prática: qual é o objetivo de viver? Qual é o significado da vida para o ser humano?

---

* O livro em questão é ***Ter ou ser?***, que originalmente conteria os capítulos aqui apresentados, mas, após revisão do próprio Fromm, foi publicado sem eles. [N.T.]

Mas essas são de fato perguntas significativas? Há mesmo uma razão para querer viver, e preferiríamos não viver se não tivéssemos tal razão? O fato é que todos os seres vivos, animais e homens, querem viver, e esse desejo só é paralisado em circunstâncias excepcionais, como dores insuportáveis ou (nas pessoas) a presença de paixões como amor, ódio, orgulho e lealdade, que podem ser mais fortes que o desejo de viver. Parece que a natureza – ou, se preferir, o processo de evolução – dotou cada ser vivo do desejo de viver, e o que quer que acreditem ser as razões disso são apenas pensamentos secundários pelos quais se racionaliza esse impulso dado biologicamente.

É claro que precisamos reconhecer as ideias teóricas sobre a evolução. Mestre Eckhart defendeu a mesma questão de uma forma mais simples e poética:

> "Se você perguntar a um homem bom: 'Por que você ama a Deus?', receberá a seguinte resposta: 'Não sei. Porque ele é Deus!'."
> "Por que você ama a verdade?"
> "Por causa da verdade mesmo."
> "Por que você ama a justiça?"
> "Por causa da justiça!"
> "Por que você ama a bondade?"
> "Por causa da bondade!"
> "E por que você vive?"
> "Em nome da minha honra, eu não sei – eu gosto de viver!"[1]

Que queremos viver, que gostamos de viver, são fatos que dispensam explicação. Mas se nos perguntarmos como queremos viver – o que que-

---

1 Eckhart, Meister. *Meister Eckhart: **A Modern Translation***, trad. R. B. Blakney (New York: Harper Torchbooks, Harper & Row, 1941), p. 242.

remos da vida, o que a torna significativa para nós –, de fato lidaremos com questões (e elas são mais ou menos idênticas) às quais as pessoas darão muitas respostas diferentes. Algumas dirão que desejam amor, outras escolherão o poder, outras, a segurança, outras, o prazer sensual e o conforto, outras, a fama; mas a maioria provavelmente concordaria com a afirmação de que o que deseja é felicidade. É isso também o que a maioria dos filósofos e teólogos declararam ser o objetivo dos esforços humanos. No entanto, se a felicidade abrange conteúdos tão diferentes e, na sua maioria, mutuamente exclusivos quanto os que acabamos de mencionar, ela se torna uma abstração; portanto, bastante inútil. O que importa é examinar o que o termo "felicidade" significa, tanto para o leigo quanto para o filósofo.

Mesmo entre os diferentes conceitos de felicidade ainda existe uma visão comum à maioria dos pensadores: somos felizes se os nossos desejos forem satisfeitos ou, dito de outra forma, se tivermos o que queremos. As diferenças entre os vários pontos de vista consistem na resposta à pergunta: "Quais são as necessidades cuja satisfação nos trará felicidade?". Chegamos assim ao ponto em que *a questão do objetivo e do sentido da vida nos leva ao problema da natureza das necessidades humanas.*

Simplificando, existem duas posições opostas. A primeira delas, atualmente quase a única, é que uma necessidade é definida de forma inteiramente *subjetiva*; é o esforço por algo tão desejado que temos o direito de chamá-lo de necessidade, e cuja satisfação dá prazer. Nessa definição não se levanta a questão de saber qual é a fonte da necessidade. Não se pergunta se, tal como acontece com a fome e a sede, ela tem uma raiz fisiológica, ou se, tal como a necessidade de comida e bebida refinadas, de arte, de pensamento teórico, é uma necessidade enraizada no desenvolvimento social e cultural da pessoa, ou se é uma necessidade socialmente induzida como a de cigarros, automóveis ou inúmeros *gadgets*, ou, por fim, se é uma necessidade patológica como a de comportamentos como o sadismo ou o masoquismo.

Tampouco se levanta nessa primeira visão a questão de saber qual o efeito que a satisfação da necessidade tem sobre a pessoa – se enriquece a sua vida e contribui para o seu crescimento, ou se a enfraquece, sufoca, impede seu crescimento e é autodestrutiva. Não importa se a pessoa desfruta da satisfação de um desejo de ouvir Bach ou do sadismo de controlar ou ferir pessoas indefesas, tudo é uma questão de gosto; enquanto for disso que a pessoa necessita, a felicidade consiste na satisfação dessa necessidade. A única exceção que normalmente se faz é àqueles casos em que a satisfação de uma necessidade prejudica gravemente outras pessoas ou a utilidade social da própria pessoa. Assim, uma necessidade de destruição ou a de consumir drogas geralmente não são consideradas necessidades que possam reivindicar legitimidade com base no fato de a sua satisfação possibilitar prazer.

A posição oposta (a segunda) é fundamentalmente diferente. Ela se centra na questão de saber se uma necessidade conduz ao crescimento e ao bem-estar do ser humano ou se o atrapalha ou o prejudica nesse sentido. É algo relativo a necessidades enraizadas na natureza do ser humano e que conduzem ao seu crescimento e autorrealização. Nesse segundo conceito, a natureza puramente subjetiva da felicidade é substituída por uma natureza objetiva e normativa. Somente a realização de desejos do interesse do ser humano leva à felicidade.

Na primeira visão, eu digo: "Sou feliz se conseguir todo o prazer que desejo"; na segunda: "Sou feliz se conseguir aquilo que devo desejar, desde que se trate de um ideal perfeito de autorrealização".

Não é necessário sublinhar que essa última versão é inaceitável do ponto de vista do pensamento científico convencional, já que ela introduz uma norma na equação – isto é, um juízo de valor –, parecendo, portanto, destituir a afirmação da sua validade objetiva. Surge, porém, a questão de saber se é verdade que uma norma tem validade objetiva. Não podemos falar de uma "natureza humana"? E, se for assim, uma natureza humana objetivamente definível não leva à suposição de que seu objetivo é o mesmo de todos os seres vivos, a saber, seu funcionamento mais perfeito e a mais plena realização de suas potencialidades? Não se segue então que certas normas conduzem a este objetivo, enquanto outras o dificultam?

Na verdade, isso é bem compreendido por qualquer jardineiro. O objetivo da vida de uma roseira é ser tudo o que há de potencialidade inerente a si: que suas folhas sejam bem desenvolvidas e que sua flor seja a rosa mais perfeita que pode nascer de sua semente. O jardineiro sabe, então, que, para atingir esse objetivo, deve seguir certas normas a que se chegou empiricamente. A roseira precisa de um tipo específico de solo, de umidade, de temperatura, de sol e sombra. Cabe ao jardineiro fornecer essas coisas se quiser ter belas rosas. Mas mesmo sem a sua ajuda a roseira tenta satisfazer as próprias necessidades. Ela nada pode fazer em relação à umidade e ao solo, mas pode fazer algo em relação ao sol e à temperatura, crescendo "retorcida" na direção do sol, desde que haja essa oportunidade. Por que o mesmo não vale para a espécie humana?

Mesmo que não tivéssemos conhecimento teórico sobre a racionalidade das normas que conduzem ao crescimento e ao funcionamento ideais do ser humano, a experiência nos informa tanto quanto ao jardineiro. Nela reside a razão pela qual, em essência, todos os grandes educadores da humanidade chegaram às mesmas normas de vida, sendo a base dessas normas que superar a ganância, as ilusões e o ódio, bem como chegar ao amor e à compaixão, são as condições para alcançar o ser ideal. Tirar conclusões a partir de evidências empíricas, mesmo que não possamos explicar teoricamente tais evidências, é um método perfeitamente sólido e de forma alguma "não científico", embora o ideal dos cientistas vá subsistir para descobrir as leis por trás da evidência empírica.

Ora, aqueles que insistem que todos os assim chamados juízos de valor relativos à felicidade humana são desprovidos de fundamento teórico não levantam a mesma objeção no que diz respeito a um problema fisiológico, embora logicamente o caso não seja diferente. Supondo que uma pessoa com desejo por doces e bolos engorda e põe em risco sua saúde, eles não dizem: "Se comer constitui a sua maior felicidade, ela deve continuar, não se persuadindo, ou deixando-se persuadir por outros, a renunciar a esse prazer". Eles reconhecem esse desejo como algo diferente de um desejo normal, e justamente porque este prejudica o organismo. Não se chama a tal qualificação de subjetiva – ou um julgamento de valor, não científico – simplesmente porque todos conhecem a ligação entre comer demais e a saúde. Mas, hoje, todos também sabem muito sobre o caráter patológico e prejudicial das paixões irracionais, como o desejo por fama, poder, posses, vingança e controle, e podem de fato qualificar essas necessidades como prejudiciais, de uma forma igualmente teórica e clínica.

Basta pensar no "mal do gestor", as úlceras pépticas, resultado de uma vida errada, do estresse produzido pela ambição excessiva, pela dependência do sucesso, pela falta de um centro verdadeiramente pessoal. Existem muitos dados que vão além da ligação entre tais atitudes erradas e doenças somáticas. Nas últimas décadas, vários neurologistas – como C. von Monakow, R. B. Livingston e Heinz von Foerster – sugeriram que o ser humano está equipado com uma consciência "biológica" neurologicamente incorporada, na qual estão enraizadas normas como cooperação, solidariedade e a busca por verdade e liberdade. Tais concepções se baseiam em desdobramentos da teoria da evolução.[2] Eu mesmo tentei

---

2 Cf. as discussões sobre essa visão em E. Fromm, *A anatomia da destrutividade humana* (Rio de Janeiro: Guanabara, 1987).

demonstrar que as principais normas humanas são condições para o pleno crescimento do ser humano, enquanto muitos dos desejos puramente subjetivos são objetivamente prejudiciais.[3]

O objetivo de viver tal como é entendido nas páginas a seguir pode ser postulado em diferentes níveis. De um modo mais geral, ele pode ser definido como desenvolver-se de forma a se aproximar ao máximo do *modelo* da natureza humana (Spinoza); em outras palavras, desenvolver-se na forma ideal, de acordo com as condições da existência humana, *tornando-se* assim plenamente o que se é em potencial; deixar que a razão ou a experiência nos guie na compreensão de quais normas conduzem ao bem-estar, dada a natureza humana que a razão nos permite compreender (Tomás de Aquino).

Talvez a forma mais fundamental de expressar o objetivo e o significado da vida seja comum à tradição tanto do Extremo Oriente como do Oriente Próximo (e da Europa): a "Grande Libertação" – libertação do domínio da ganância (em todas as suas formas) e das algemas das ilusões. Esse duplo aspecto da libertação pode ser encontrado em sistemas como a religião védica indiana, o budismo e o zen-budismo chinês e japonês, bem como numa forma mais mítica de Deus como o supremo rei no judaísmo e no cristianismo. Encontra-se seu maior desenvolvimento (no Oriente Próximo e no Ocidente) nos místicos cristãos e muçulmanos, em Spinoza e em Marx. Em todos esses ensinamentos, a libertação interior – dos grilhões da ganância e das ilusões – está inseparavelmente ligada ao ápice do desenvolvimento da razão; isto é, a razão entendida como o uso do pensamento com o objetivo de conhecer o mundo tal como ele é, e em contraste com a "inteligência manipuladora", o uso do pensamento com o propósito de satisfazer a necessidade de alguém. Essa relação

---

3   Cf. o mesmo volume, e também E. Fromm, **Man for Himself** (New York: Rinehart & Co., 1947).

entre a libertação da ganância e o primado da razão é intrinsecamente necessária. Nossa razão age apenas na medida em que não é inundada pela ganância. Uma pessoa prisioneira de suas paixões irracionais perde a capacidade de ser objetiva e fica necessariamente à mercê de suas paixões; ela racionaliza enquanto acredita estar expressando a verdade.

Na sociedade industrial, o conceito de libertação (nas suas duas dimensões) como objetivo da vida foi perdido, ou melhor, foi restringido e, portanto, distorcido. A libertação tem sido aplicada exclusivamente à libertação de *forças externas*; a classe média libertando-se do feudalismo, a classe trabalhadora do capitalismo, os povos da África e da Ásia do imperialismo. O único tipo de libertação enfatizado foi o de forças externas; em essência, uma libertação política.[4]

De fato, libertar-se da dominação exterior é algo necessário, já que tal dominação paralisa o *eu* interior, com exceção de raros indivíduos. Mas a unilateralidade da ênfase na libertação exterior também causou grandes danos. Em primeiro lugar, os libertadores muitas vezes se transformaram em novos governantes, exaltando as ideologias libertárias apenas da boca para fora. Em segundo lugar, a libertação política pôde esconder o fato de que se desenvolveu uma nova falta de liberdade, mas de formas ocultas e anônimas. É o caso da democracia ocidental, em que a libertação política esconde sob muitos disfarces o fato da dependência. (Nos países soviéticos, a dominação tem sido mais evidente.) Mais importante ainda, esqueceu-se completamente de que as pessoas podem ser escravas mesmo sem estar acorrentadas – o inverso da batida afirmação religiosa de que as pessoas podem ser livres mesmo quando acorrentadas. Isso pode ser verdadeiro em casos extremamente raros – no entanto, não

---

4 Falo aqui de conceitos e sentimentos populares. Se considerarmos a filosofia iluminista com seu lema *sapere aude* ("ouse saber") e a preocupação de filósofos com a liberdade *interior*, o conceito de liberdade não foi, é claro, essencialmente político.

é uma afirmação significativa para os nossos tempos; já o fato de uma pessoa poder ser um escravo sem grilhões é de enorme importância na nossa situação atual. As correntes externas foram simplesmente colocadas dentro do indivíduo. Os desejos e pensamentos com os quais o aparato de sugestionamento social o preenche o acorrentam com mais firmeza do que os grilhões exteriores. Isso ocorre porque, com relação às correntes de fora, a pessoa pode pelo menos estar consciente, mas não tem consciência das correntes internas, carregando-as com a ilusão de que é livre. Ela pode tentar romper as correntes externas, mas como poderá se livrar de grilhões cuja existência desconhece?

Qualquer tentativa de superar a crise possivelmente fatal da parte industrializada do mundo – talvez de toda a raça humana – deve começar com uma compreensão da natureza das correntes externas e internas; deve se basear na libertação das pessoas no sentido clássico e humanista, bem como no sentido moderno, político e social. Geralmente, a Igreja ainda fala só de libertação interior, e os partidos políticos, dos liberais aos comunistas, falam apenas sobre a libertação exterior. A história mostrou com clareza que só uma das ideologias, sem a outra, deixa o indivíduo dependente e incapacitado. O único objetivo realista é a libertação total, um objetivo que pode muito bem ser chamado de *humanismo radical* (ou *revolucionário*).

Tal como a libertação foi distorcida na sociedade industrial, também o foi o conceito de razão. Desde o início do Renascimento, o principal objeto que a razão tentou apreender foi a Natureza, e as maravilhas da técnica foram os frutos da nova ciência. Mas as próprias pessoas deixaram de ser objeto de estudo, exceto mais recentemente, nas formas alienadas da psicologia, da antropologia e da sociologia. Cada vez mais elas foram degradadas a uma mera ferramenta para objetivos econômicos. Nos menos de três séculos que se seguiram a Spinoza, foi Freud o primeiro a tornar novamente o "homem interior" um objeto da ciência, apesar de Freud ter sido prejudicado pela estreita estrutura do materialismo burguês.

A meu ver, a questão crucial hoje é se podemos coadunar o conceito clássico de libertação interior e exterior com o conceito de razão nos seus dois aspectos: aplicado à natureza (ciência) e ao ser humano (autoconsciência).

Antes de começar a fazer sugestões relativas a certos passos preparatórios na aprendizagem da arte de viver, quero ter certeza de que não haverá mal-entendidos sobre as minhas intenções. Se o leitor esperava que este capítulo fosse uma breve receita para aprender a arte de viver, é melhor parar por aqui. Tudo o que quero – e posso – oferecer são sugestões da direção em que o leitor encontrará respostas, e esboçar provisoriamente quais são algumas delas. A única coisa que pode compensar o leitor pela incompletude do que tenho a dizer é que falarei apenas de métodos que pratiquei e experimentei.

Este modo de apresentação implica que, nos capítulos seguintes, não tentarei escrever sobre todos ou mesmo apenas sobre os métodos mais importantes de práticas preparatórias. São deixados de fora outros métodos, como a prática de ioga ou zen, a meditação centrada em uma palavra repetida, e os métodos de relaxamento de Alexander, de Jacobson e de Feldenkrais. Escrever sistematicamente sobre todos os métodos exigiria pelo menos um volume próprio e, para além disso, eu não seria capaz de escrever tal compêndio porque acredito que não se pode escrever sobre experiências que não se vivenciou.

Na verdade, este capítulo poderia terminar aqui mesmo, dizendo: leia os escritos dos Mestres da Vida, aprenda a compreender o verdadeiro significado das suas palavras, forme sua própria convicção sobre o que quer fazer da sua vida; e supere a ideia ingênua de que você não precisa de nenhum mestre, nenhum guia, nenhum modelo, que você pode descobrir durante uma vida o que as maiores mentes da espécie humana descobriram em muitos milhares de anos – e cada uma delas construindo a partir das pedras e dos esboços que seus antecessores lhe deixaram. Como disse um dos maiores mestres da vida, o Mestre Eckhart: "Como pode alguém viver sem ser instruído na arte de viver e de morrer?".

Contudo, não termino o livro aqui, mas tentarei apresentar de forma simples algumas ideias que aprendi estudando os grandes mestres.

Antes mesmo de considerar alguns dos passos que são úteis, devemos estar cientes dos principais obstáculos que se colocam no caminho. Se alguém não sabe o que evitar, todos os seus esforços serão em vão.

Parte 2

2. Grandes farsas

Talvez o obstáculo mais difícil para aprender a arte de viver seja o que eu chamaria de "grande farsa". E não que ela esteja restrita ao campo da iluminação humana; pelo contrário, esta última é apenas uma das manifestações da grande farsa que permeia todas as esferas da nossa sociedade. Fenômenos como produtos com obsolescência programada e produtos superfaturados ou de fato inúteis, isso se não forem prejudiciais ao comprador; publicidades que são uma mistura de um pouco de verdade e muita falsidade; e muitos outros fenômenos sociais fazem parte da grande farsa – de que a lei processa apenas as formas mais drásticas. Falando apenas de mercadorias, o valor real é encoberto pelo valor que a publicidade, a marca e a grandiosidade de seus produtores sugerem. Como poderia ser de outra forma num sistema cujo princípio básico é que a produção é orientada ao interesse no máximo lucro, e não ao interesse na máxima utilidade que teria para os seres humanos?

Recentemente, a grande farsa na esfera da política tornou-se mais visível através do caso Watergate e da condução da Guerra do Vietnã, com a sua declaração inverídica sobre "quase vitória" ou falsificações diretas (como em relatórios falsos sobre ataques aéreos). No entanto, apenas a ponta do iceberg da fraude política foi exposta.

Nas esferas da arte e da literatura a farsa também está desenfreada. O público, até mesmo o instruído, perdeu grande parte de sua capacidade de saber a diferença entre o que é genuíno e o que é falso. Esse problema é causado por vários fatores. Acima de tudo está a orientação puramente cerebral da maioria das pessoas. Elas leem ou ouvem apenas *palavras* e conceitos intelectuais, sem ouvir "com um terceiro ouvido" para pôr à prova a autenticidade do autor. Para dar um exemplo: na literatura sobre o zen-budismo existem escritores como D. T. Suzuki, cuja autenticidade está fora de dúvida; ele fala do que vivenciou. O próprio fato dessa autenticidade torna os seus livros muitas vezes difíceis de ler, porque é da essência do zen não dar respostas que sejam racionalmente satisfatórias. Existem alguns outros livros que parecem retratar adequadamente os pensamentos do zen, mas cujos autores são meros intelectuais cuja experiência é superficial. Seus livros são mais fáceis de entender, mas não transmitem a qualidade essencial do zen. No entanto, descobri que a maioria das pessoas que afirmam ter um interesse sério pelo zen não notaram a decisiva diferença de qualidade entre Suzuki e os outros.

Outra razão para a nossa dificuldade em discernir a diferença entre o autêntico e a farsa reside na atração hipnótica do poder e da fama. Se o nome de um homem ou o título de um livro se tornar famoso por meio de uma publicidade esperta, a pessoa média estará disposta a acreditar nas afirmações da obra. Esse processo tem grande ajuda de outro fator: numa sociedade completamente mercantilizada, na qual a capacidade de venda e o lucro máximo constituem os valores fundamentais, e na qual cada pessoa vivencia a si própria como um "capital" a investir no mercado com o objetivo de obter lucro máximo (sucesso), seu valor interno conta tão pouco quanto o de um creme dental ou de um medicamento patenteado. Se tal pessoa é gentil, inteligente, produtiva e corajosa, pouco importa, se essas qualidades não tiverem sido úteis para torná-la bem-sucedida. Por outro lado, se ela for apenas medíocre como pessoa, escritora, artista ou o que quer que seja, mas for uma narcisista agressiva, bêbada e obscena que vive nas manchetes, ela facilmente se tornará – com algum talento – uma das "principais artistas ou escritoras" de sua época. É claro que ela não é a única envolvida: os negociantes de arte, agentes literários, relações-públicas e editores estão todos interessados financeiramente no seu sucesso. Essa pessoa é "produzida" por eles, e, uma vez que seja uma escritora, pintora ou cantora divulgada nacionalmente, uma vez que seja uma "celebridade", passa a ser uma grande pessoa – assim como um sabão em pó é o melhor e tem um nome que você, como telespectador, não consegue esquecer. É claro que falsificação e fraude não são novidades; elas sempre existiram. Mas talvez nunca tenha havido uma época em que o fato de estar sob os olhos do público tivesse uma importância tão exclusiva.

Com esses exemplos tocamos no setor da grande farsa que é o mais importante no contexto deste livro: a farsa *no campo da salvação do humano*, do seu bem-estar, crescimento interior e felicidade.

Devo confessar aqui que hesitei muito em escrever este capítulo e fiquei até tentado a deixá-lo de fora depois de escrevê-lo. A razão para essa hesitação reside no fato de que, nesse campo, quase não restaram palavras que não tenham sido comercializadas, corrompidas e mal utilizadas de alguma forma. Termos como "crescimento humano" ou "potencial de crescimento", "autorrealização", "vivenciar *versus* pensar", "o aqui e agora" e muitos outros foram banalizados por vários escritores e grupos, e até usados em textos publicitários. Não devo temer que o leitor conecte certas ideias sobre as quais estou escrevendo com outras que têm o significado oposto só porque algumas palavras são iguais? Não será mais adequado parar completamente de escrever sobre este campo, ou usar símbolos matemáticos explicados numa lista separada? Peço ao leitor que esteja ciente de que as palavras, por si só, não têm realidade, exceto em termos do contexto em que são usadas, em termos das intenções e do caráter de quem as usa. Se forem lidas de forma unidimensional, sem uma perspectiva de profundidade, elas camuflam ideias em vez de comunicá-las.

Antes de começar um breve esboço que seja, quero afirmar que, ao falar de farsa, não quero dizer que os líderes e praticantes de vários movimentos sejam conscientemente desonestos ou pretendam enganar o público. Embora haja alguns para quem isso é verdade, acredito que muitos pretendem fazer o bem e acreditam na utilidade de suas mercadorias espirituais. Ainda assim, não existem só farsas conscientes e intencionais; a farsa socialmente mais perigosa é o embuste em que os atores *acreditam* sinceramente, seja para planejar uma guerra, seja para oferecer o caminho para a felicidade. De fato, certas coisas têm de ser ditas mesmo correndo o risco de serem consideradas um ataque pessoal a pessoas bem-intencionadas.

Há, de fato, poucos motivos para ataques pessoais, uma vez que esses mercadores da salvação apenas satisfazem uma procura generalizada. Como poderia ser diferente? As pessoas estão confusas e inseguras, procurando respostas que as levem na direção da alegria, da tranquilidade, do autoconhecimento, da salvação – mas elas também exigem que isso seja fácil de aprender, que exija pouco ou nenhum esforço, e que os resultados sejam obtidos rapidamente.

Surgiu nas décadas de 1920 e 1930 um novo movimento construído com base no interesse genuíno de um pequeno número de pessoas em ideias novas e até então impopulares. Tais ideias foram organizadas em torno de duas questões centrais: a libertação do corpo e a libertação da mente dos grilhões aos quais a vida convencional os tinha prendido, causando distorções.

A primeira tendência tinha duas fontes; uma era psicanalítica. Georg Groddeck foi o primeiro a usar a massagem para relaxar o corpo, assim ajudando o paciente a se livrar de tensões e repressões. Wilhelm Reich seguiu o mesmo caminho, de forma mais sistemática e com maior consciência teórica do que ele estava fazendo: a quebra da resistência que protege o reprimido por meio da quebra da postura corporal contraída e distorcida que funciona como uma defesa protetora contra a "desrepressão". O trabalho de Reich se baseou em vários métodos de consciência corporal, começando com o trabalho de Elsa Gindler (década de 1920).

A segunda tendência, a libertação da mente, centrou-se principalmente nas ideias orientais, particularmente em certas formas de meditação budista, zen-budista e da ioga. Todas essas ideias e métodos, nos quais apenas algumas pessoas estavam interessadas, são genuínos e importantes e têm sido de grande ajuda para muitas pessoas que não estavam buscando um atalho fácil para a salvação.

Nas décadas de 1950 e 1960, um número muito maior de pessoas procurava novos caminhos para a felicidade e um mercado de massa começou a se formar. Em especial, a Califórnia foi um solo fértil para misturar métodos legítimos, como alguns dos mencionados, com métodos vagabundos em que sensibilidade, alegria, discernimento, autoconhecimento, maior afetividade e descontração eram prometidos em cursos de curta duração, numa espécie de programa de bufê espiritual. Hoje, nada ficou de fora desse programa; pode-se fazer treinamento de sensibilidade, terapia de grupo, zen, tai chi chuan, quase tudo que há sob o sol, em ambientes agradáveis e junto com outras pessoas que sofrem dos mesmos problemas: falta de contato e sentimento genuínos. De estudantes universitários a executivos de empresas, todos encontram, com o mínimo esforço, tudo o que desejam.

No que diz respeito a alguns pratos do bufê – como a "consciência sensorial" –, não há nada de errado com o ensinamento, minha única crítica sendo a atmosfera em que eles são ensinados. Já em outros empreendimentos, a farsa reside na superficialidade do ensinamento, especialmente quando este se pretende baseado na visão dos grandes mestres. Mas talvez a maior farsa seja que o que é prometido – explícita ou implicitamente – é uma mudança profunda na personalidade, enquanto o que é dado é uma melhoria momentânea dos sintomas ou, na melhor das hipóteses, estimulação da energia e algum relaxamento. Em essência, esses métodos são meios de se sentir melhor e de se ajustar melhor à sociedade, sem uma mudança nos fundamentos do caráter.

No entanto, esse movimento californiano é insignificante em comparação com a produção em massa de bens espirituais organizada pelos "gurus" indianos e em torno deles. O sucesso mais impressionante foi o do movimento chamado Meditação Transcendental (MT), cujo líder é o indiano Maharishi Mahesh Yogi. Esse guru aproveitou uma ideia tradicional indiana muito antiga, a da meditação de um mantra – o mantra sendo normalmente uma palavra das escrituras hindus que se supõe ter um significado especial se alguém se concentrar nela (como "Om", nos Upanishads). Essa concentração resulta em relaxamento, na diminuição da tensão e numa sensação de bem-estar que acompanha o relaxamento. A MT pode ser praticada sem mistificações usando termos e palavras em inglês como "*Be still*" [Fique parado], "*Love*" [Amor], "*One*" [Um], "*Peace*" [Paz] ou quaisquer outras que se recomendem. Se praticada regularmente todos os dias numa posição relaxada, com os olhos fechados, durante cerca de vinte minutos, a MT parece ter um efeito marcante de tranquilidade, relaxamento e aumento de energia. (Como ainda não a pratiquei, confio apenas em relatos confiáveis daqueles que o fizeram.)[5]

Maharishi não inventou esse método, mas inventou o modo como ele pode ser embalado e comercializado. Em primeiro lugar, ele vende os mantras, alegando que para cada indivíduo é escolhido um mantra que se adapta à individualidade do cliente. (Mesmo que existissem tais correlações entre mantras específicos e indivíduos específicos, dificilmente qualquer um dos milhares de professores que apresentam o segredo aos novatos poderia saber o suficiente sobre a individualidade do novo cliente para fazer a escolha certa.) A ideia do mantra feito sob medida é a base para vendê-lo por uma quantia não desprezível ao recém-chegado. "Os desejos pessoais do indivíduo são levados em consideração e a *possibilidade de os realizar é confirmada pelo professor*".[6] Pense numa promessa! Qualquer desejo pode ser realizado, bastando apenas praticar a MT.

Depois de ouvir duas palestras introdutórias, o novato faz uma entrevista com o professor; então, em uma pequena cerimônia, ele recebe seu mantra pessoal e é instruído a nunca o dizer em voz alta para si mesmo ou para qualquer outra pessoa. Ele tem que assinar uma declaração de que nunca ensinará o método a terceiros (obviamente para manter intacto o monopólio). O novo adepto tem o direito de uma verificação anual de seu progresso pelo professor que o iniciou, embora, pelo que entendi, este seja geralmente um breve procedimento de rotina.

O movimento tem agora muitas centenas de milhares de praticantes, principalmente nos Estados Unidos, mas cada vez mais também em vários países europeus. A promessa feita pela MT é que, além da

---

5 O Dr. Herbert Benson, chefe do departamento de hipertensão no Hospital Beth Israel, de Boston, relata uma marcante diminuição da pressão sanguínea de pacientes hipertensos (*Newsweek*, 5 maio 1975).

6 ***Transcendental Meditation*** (Maharishi International University Press, mar. 1974; ênfase minha).

satisfação de qualquer desejo pessoal, a prática não requer nenhum esforço, e ainda assim é a base para um comportamento significativo e bem-sucedido. Sucesso e crescimento interior andam juntos; César e Deus estão reconciliados; quanto mais você crescer espiritualmente, mais sucesso terá também nos negócios. Na verdade, o próprio movimento – sua publicidade, sua linguagem vaga e muitas vezes sem sentido, suas referências a *algumas* ideias respeitáveis, o culto a um líder cheio de sorrisos – adotou todas as características dos grandes negócios.

A existência e a popularidade do movimento surpreendem tão pouco quanto as de certos medicamentos patenteados. O que é surpreendente é que entre os seus adeptos e praticantes estão, como sei por experiência pessoal, pessoas de integridade inquestionável, alta inteligência e discernimento psicológico superior. Devo admitir que estou intrigado com o fato. Na verdade, a reação positiva dessas pessoas se deve ao efeito relaxante e energizante dos exercícios de meditação. Mas o que muito me intriga é que elas não se sintam repelidas pela linguagem pouco clara, pela mentalidade grosseira de relações públicas, pelas promessas exageradas, pela comercialização dos assuntos da salvação – e por que elas mantêm essa ligação com a MT em vez de escolher outra técnica não mistificadora, como uma das mencionadas acima. Será que o espírito dos grandes negócios e os seus métodos de venda já fizeram tal estrago que devemos aceitá-los também no campo do desenvolvimento espiritual individual?

Apesar do efeito favorável da meditação via mantras, em minha opinião ela causa danos ao adepto. Para avaliar esse dano é preciso ir além do ato isolado da meditação com o mantra e ver todo o tecido do qual ela faz parte: a pessoa apoia um culto idólatra, diminuindo assim sua independência; apoia a característica desumanizadora de nossa cultura – a comercialização de todos os valores –, bem como o espírito de falsidade das relações públicas, a doutrina da ausência de esforço e a perversão de valores tradicionais como o autoconhecimento, a alegria e o bem-estar – através de embalagens espertalhonas. Como resultado, a mente do adepto fica confusa e cheia de novas ilusões, além daquelas que já existem e das quais devemos nos livrar.

Há outro perigo em movimentos como a MT. Ela é usada por muitas pessoas que estão genuinamente ansiosas por alcançar uma mudança interior e por encontrar um novo significado para a vida, e, com sua fraseologia, a MT apoia tais desejos. Mas na verdade ela é, na melhor das hipóteses, só um método de relaxamento, comparável ao hataioga ou ao honesto treinamento autogênico do falecido Prof. I. H. Schultz, que com muitas pessoas alcançou estados de relaxamento renovadores e energizantes. Tal relaxamento, embora desejável, não tem nada a ver com uma mudança humana fundamental do egocentrismo para a liberdade interior. Decerto é algo útil para uma pessoa vaidosa e egocêntrica, do mesmo modo como é útil para uma pessoa que perdeu grande parte da sua estrutura do ter, mas ao fingir que é mais do que um relaxamento momentâneo a MT bloqueia o caminho para muitos que procurariam um verdadeiro caminho de libertação se não acreditassem que o tinham encontrado na Meditação Transcendental.

Ultimamente, o movimento tem procurado também atrair e incorporar aqueles que têm interesse não só em si mesmos, mas na humanidade. Em 8 de janeiro de 1972, após sete dias de silêncio, o Maharishi anunciou um "Plano Mundial" a 2 mil novos professores da "Ciência da Inteligência Criativa", na ilha de Maiorca. Esse Plano Mundial deverá ser cumprido através da construção de 3,5 mil "Centros do Plano Mundial", cada centro comportando um milhão de pessoas. Estes formarão mil professores da Ciência da Inteligência Criativa, de modo que, em algum momento, em todas as partes do mundo, cada mil pessoas receberão um professor. O Plano Mundial tem sete objetivos, entre eles: "melhorar as atividades dos governos" e "abolir os velhos problemas do crime e de todos os comportamentos que resultam em infortúnio". Existem sete cursos para a realização dos sete objetivos. Resumindo sua meta, o Maharishi declarou: "Apenas nos consideraremos bem-sucedidos quando os problemas do mundo de hoje forem essencialmente diminuídos, e por fim abolidos, e quando as autoridades educativas de cada país forem capazes de ensejar cidadãos plenamente desenvolvidos".[7]

Será que esses planos para a salvação do mundo precisam de algum comentário para provar a sua falta de qualquer reflexão que vá além dos vulgares métodos de venda?

O sucesso da MT deu origem a empreendimentos semelhantes. Um destes foi descrito na *Newsweek* (17 de fevereiro de 1975). Seu inventor, nascido Jack Rosenberg, agora Werner (de Wernherr von Braun) Erhard (do ex-chanceler alemão Ludwig Erhard), fundou a Erhard Seminar Training (EST). Na EST, ele reuniu "sua" experiência com ioga, zen, treinamento da sensibilidade e terapia de encontros em uma nova atividade vendida a 250 dólares e realizada em duas sessões aos fins de semana. De acordo com a reportagem de 1975, já foram cadastradas 6 mil pessoas em busca de salvação, com grande lucro para a EST. Muito pouco se comparado com a MT, mas isso demonstra que agora não só um indiano pode entrar no negócio, mas também um ex-especialista em motivação pessoal de um subúrbio de Filadélfia.

Dediquei muito espaço a esses movimentos porque acho que há uma lição importante a ser aprendida. A base para qualquer abordagem à autotransformação é uma consciência cada vez maior da realidade e o

---

7   *Ibid.*

abandono de ilusões. As ilusões contaminam até mesmo os ensinamentos que soam mais maravilhosos, tornando-os venenosos. Não estou me referindo aqui a possíveis erros no ensinamento. Os ensinamentos do Buda não são contaminados por alguém não acreditar na transmigração, nem o texto bíblico é contaminado por seu contraste com o conhecimento mais realista da história do planeta e da evolução do humano. No entanto, existem inverdades e enganos intrínsecos que contaminam o ensinamento, como o anúncio de que grandes resultados podem ser alcançados sem esforço, ou que o desejo por fama pode acompanhar a ausência do ego, ou que os métodos de sugestão em massa são compatíveis com a independência.

Ser ingênuo e facilmente enganado é inadmissível, e hoje mais do que nunca, quando, por cegarem as pessoas para os perigos e as possibilidades reais, as inverdades prevalecentes podem levar a uma catástrofe.

A respeito daqueles que lutam pela bondade, os "realistas" acreditam que tenham boas intenções, mas que sejam ingênuos, cheios de ilusões – em uma palavra, tolos. E eles não estão totalmente errados. Muitos daqueles que abominam a violência, o ódio e o egoísmo *são* ingênuos. Eles precisam da sua fé na "bondade" inata de todas as pessoas para sustentar essa crença. A sua fé não é suficientemente forte para acreditar nas possibilidades fecundas do ser humano sem fechar os olhos à feiura e à perversidade dos indivíduos e dos grupos. Enquanto agirem assim, suas tentativas de alcançar um nível máximo de bem-estar falharão; qualquer decepção intensa irá convencê-los de que estavam errados ou levá-los à depressão, já que, nessas circunstâncias, não saberão em que acreditar.

A fé na vida, em si mesmo e nos outros deve ser construída sobre a rocha firme do realismo; isto é, na capacidade de enxergar o mal onde ele está, de enxergar a fraude, a destrutividade e o egoísmo não apenas quando são óbvios, mas em seus muitos disfarces e racionalizações.

De fato, a fé, o amor e a esperança devem ser acompanhados por uma tal paixão por enxergar a realidade em toda a sua nudez que quem visse de fora essa atitude estaria propenso a chamá-la de "cinismo". E é mesmo cínico quando com esse termo nos referirmos à recusa em se deixar levar pelas mentiras doces e plausíveis que cobrem quase tudo o que é dito e acreditado. Mas esse tipo de "cinismo" não é cinismo; é um senso crítico inflexível, uma recusa em jogar o jogo num sistema de ilusões. Mestre Eckhart expressou isso de forma breve e sucinta quando falou sobre o "homem simples" (a quem Jesus ensinou): "Ele não engana, *mas também não é enganado*".[8]

De fato, nem o Buda, nem os Profetas, nem Jesus, nem Eckhart, nem Spinoza, nem Marx, nem Schweitzer eram "molengas". Pelo contrário, eles eram realistas cabeças-duras, e a maioria deles foi perseguida e caluniada não por pregar a virtude, mas porque falava a verdade. Eles não respeitavam o poder, os títulos ou a fama, e sabiam que o imperador estava nu; e sabiam que o poder pode matar os "que dizem a verdade".

---

8   Sermão 30, "Christ Sat in the Temple and Taught", *The Works of Master Eckhart* (ênfase minha).

3. Conversas triviais

Entre os obstáculos para aprender a arte de ser, um outro é: entregar-se a *conversas triviais*.

O que é trivial? A palavra significa literalmente "lugar comum" (do latim *trivia*, ponto onde três estradas se encontram); ela geralmente denota superficialidade, monotonia, falta de habilidades ou qualidades morais. Pode-se também definir "trivial" como a atitude de quem se preocupa apenas com a superfície das coisas, não com as suas causas ou as camadas mais profundas; como uma atitude que não distingue entre o que é essencial e o que não é, ou que tende a inverter as duas qualidades. Podemos dizer, além disso, que a trivialidade resulta de pouca vivacidade, de indolência, da dormência ou de qualquer preocupação que não esteja relacionada com a tarefa central do ser humano: nascer em plenitude.

O Buda definiu a conversa trivial neste último sentido. Ele disse:

Se a mente de um monge se inclina a falar, ele deveria pensar assim: "Não me envolverei no tipo de conversa baixa que é vulgar, mundana e inútil; isso não leva ao desapego, ao desapaixonamento, à cessação, à tranquilidade, ao conhecimento direto, à iluminação, ao Nirvana; conversar sobre reis, ladrões, ministros, exércitos, fome e guerra; sobre alimentação, bebida, vestuário e alojamento; sobre guirlandas, perfumes, parentes, veículos, aldeias, vilas, cidades e países; sobre mulheres e vinho, as fofocas da rua e do poço, falar de antepassados, de diversas ninharias, de histórias sobre as origens do mundo e do mar, falar sobre as coisas serem assim ou não, e assuntos semelhantes". Assim ele tem uma clara compreensão.

"Mas uma conversa que seja útil para levar uma vida austera, útil para a clareza mental, que conduza ao desapego completo, ao desapaixonamento, à cessação, à tranquilidade, ao conhecimento direto, à iluminação e ao Nirvana; isto é, falar sobre frugalidade, contentamento, solidão, reclusão, aplicação de energia, virtude, concentração, sabedoria, libertação e sobre o conhecimento e visão concedidos pela libertação – em tal conversa devo me engajar." Assim ele tem uma clara compreensão.[9]

Alguns dos exemplos de conversas triviais citados podem não parecer triviais para um não budista, como a questão da origem do mundo, ou talvez até um budista possa dizer que falar sobre a fome, de forma séria e com a intenção de ajudar, nunca foi algo compreendido como trivial pelo Buda. Seja como for, toda a lista, no seu ousado resumo de tópicos, alguns dos quais são sagrados para alguns e queridos para muitos, é muito impressionante na sua transmissão do sabor da banalidade. Quantos bilhões de conversas ocorreram nestes últimos anos sobre a inflação, o Vietnã, o Oriente Próximo, Watergate, as eleições etc., e

---

9 Mayshima-Nikaya, 122, citado em Nyanaponika Thera, *The Heart of Buddhist Meditation* (New York: Samuel Weiser, 1973), p. 172.

quão raramente essas conversas vão além do óbvio – o estrito ponto de vista partidário –, penetrando nas raízes e causas dos fenômenos que são discutidos. Tendemos a acreditar que a maioria das pessoas precisa de guerras, crimes, escândalos e até doenças para ter algo sobre o que conversar, ou seja, para ter um motivo para se comunicarem entre si, mesmo que no nível da trivialidade. De fato, quando os seres humanos são transformados em mercadorias, o que pode ser a sua conversa senão trivial? Será que, se pudessem falar, os produtos no mercado não conversariam sobre os clientes, o comportamento do pessoal de vendas, suas próprias esperanças de alcançar um bom preço e a decepção quando ficasse evidente que acabariam encalhados?

Talvez a mais trivial das conversas seja a necessidade de falar sobre si mesmo; daí o interminável assunto da saúde e da doença, dos filhos, das viagens, dos sucessos, do que se fez e das inúmeras coisas cotidianas que parecem importantes. Já que não dá para falar de si mesmo o tempo todo sem ser considerado chato, deve-se trocar o privilégio pela disponibilidade para ouvir os outros falando a respeito deles. Encontros sociais privados entre indivíduos (e também, muitas vezes, reuniões de todos os tipos de associações e grupos) são pequenos mercados onde se faz escambo da necessidade de falar sobre si mesmo, bem como do desejo de ser ouvido, pela necessidade de outros que procuram a mesma oportunidade. A maioria das pessoas respeita esse acordo de troca; aqueles que não o fazem, e querem falar mais sobre si mesmos do que estão dispostos a ouvir, são "trapaceiros" que, ressentidos, têm que escolher companhias inferiores para serem tolerados.

É difícil superestimar a necessidade das pessoas de falarem sobre si mesmas e de serem ouvidas. Se essa necessidade estivesse presente apenas em pessoas altamente narcisistas, cheias apenas de si mesmas, seria fácil de entender. Mas ela existe na pessoa média por razões inerentes à nossa cultura. O homem moderno é um homem de massa: é altamente "socializado", mas é muito solitário. David Riesman expressou esse fenômeno de forma contundente no título do seu livro de 1961, *The lonely crowd* [A multidão solitária] (New York: Free Press). Alienado dos demais, o homem moderno se confronta com um dilema: tem medo de contato próximo com outra pessoa e tem igual medo de ficar sozinho e não ter nenhum contato. É função da conversa trivial responder à pergunta: "Como posso continuar sozinho sem me sentir solitário?".

Conversar se torna um vício. "Enquanto eu falar, sei que existo; que não sou um ninguém, que tenho um passado, que tenho um emprego, tenho uma família. E falando sobre tudo isso eu me afirmo. Porém, preciso de alguém para ouvir; se eu estivesse falando sozinho, enlouqueceria". O ouvinte produz a ilusão de um diálogo, quando na realidade há apenas um monólogo.

Uma má companhia, em contrapartida, não é apenas aquela de pessoas meramente triviais, mas sim a de pessoas más, sádicas, destrutivas e hostis à vida. Mas por que, alguém poderia perguntar, haveria perigo na companhia de pessoas más, a menos que elas tentem prejudicar alguém de uma forma ou de outra?

Para responder a essa questão é necessário reconhecer uma lei nas relações humanas: *não há contato entre dois seres humanos que não afete a ambos*. Nenhum encontro entre duas pessoas, nenhuma conversa entre elas, exceto talvez a mais casual, deixa qualquer uma delas inalterada – mesmo que a mudança possa ser tão mínima que seja irreconhecível, exceto pelo seu efeito cumulativo se tais encontros forem frequentes.

Mesmo um encontro casual pode ter um impacto considerável. Quem na vida nunca foi tocado pela gentileza no rosto de uma pessoa que viu apenas por um minuto e com quem nunca conversou? Quem nunca experimentou o horror produzido por um rosto verdadeiramente maligno, mesmo sendo exposto a ele apenas por um momento? Muitos se lembrarão desses rostos – e dos seus efeitos – por muitos anos ou por toda a vida. Quem, depois de estar com determinada pessoa, não se sentiu animado, mais vivo, com melhor humor, ou em alguns casos até com nova coragem e novos *insights*, mesmo que o *conteúdo* da conversa não explicasse essa mudança? Em contrapartida, muitos tiveram a experiência, depois de estarem com outras pessoas, de ficarem deprimidos, cansados e sem esperança, mas incapazes de encontrar o conteúdo da conversa responsável pela reação. Não estou falando aqui da influência de alguém por quem se está apaixonado, tem admiração ou medo etc.; é óbvio que *eles* podem ter uma forte influência pelo que dizem ou por como se comportam em relação a uma pessoa que está sob seu feitiço. Estou falando da influência das pessoas sobre aqueles que não estão ligados a elas de maneira especial.

Todas essas considerações levam à conclusão de que é desejável evitar por completo as companhias triviais e más, a menos que alguém possa se afirmar plenamente e assim fazer o outro duvidar da sua própria posição.

Na medida em que não se pode evitar más companhias, não se deve ser enganado: deve-se enxergar a insinceridade por trás da máscara da amizade, a destrutividade por trás da máscara das eternas queixas sobre a infelicidade, o narcisismo por trás do charme. Também não se deve agir como se levado pela aparência enganosa do outro – para evitar ser forçado a uma certa desonestidade. Não é necessário falar com eles sobre o que enxergamos, mas não devemos tentar convencê-los de que somos cegos. Moisés Maimônides, grande filósofo judeu do século 12, reconhecendo o efeito das más companhias, fez a proposta drástica: "Se você vive num país cujos habitantes são maus, evite a sua companhia. Se tentarem forçá-lo a se associar a eles, saia do país, mesmo que isso signifique ir para o deserto".

Se outras pessoas não entendem nosso comportamento, qual é o problema? O pedido delas de que façamos só o que elas conseguem entender é uma tentativa de nos impor ordens. Se aos olhos delas isso é ser "associal" ou "irracional", que assim seja. O maior ressentimento delas é com a nossa liberdade e a nossa coragem de sermos nós mesmos. Não devemos a ninguém uma explicação ou prestação de contas, desde que os nossos atos não os prejudiquem ou infrinjam. Quantas vidas foram arruinadas por essa necessidade de "se explicar", o que geralmente implica que a explicação seja "compreendida", isto é, aprovada. Deixe que suas ações sejam julgadas, e a partir de suas ações, suas reais intenções, mas saiba que uma pessoa livre deve explicação apenas a si mesma – à sua razão e à sua consciência – e aos poucos que podem, com alguma razão, lhe pedir explicações.

4. "Zero esforço, zero dor"

Outra barreira para o aprendizado da arte de ser é a doutrina "zero esforço, zero dor". As pessoas estão convencidas de que tudo, até mesmo as tarefas mais difíceis, deve ser dominado com pouco ou nenhum esforço. É uma doutrina tão popular que nem sequer é necessária uma longa explicação.

Pense no nosso método de educação como um todo. Nós persuadimos nossos jovens a estudarem – na verdade, imploramos a eles. Em nome da "autoexpressão", do "desestímulo a conquistas" e da "liberdade", tornamos todos os cursos o mais fáceis e agradáveis possível. A única exceção são as ciências naturais, nas quais se buscam conquistas reais e não se pode dominar os assuntos por meio de "instruções fáceis". Mas nos cursos de ciências sociais, arte e literatura, e nas escolas de ensino fundamental e médio, a mesma tendência está presente. Facilite, pegue leve! Um professor que insista no trabalho árduo é chamado de "autoritário" ou antiquado.

Não é difícil descobrir as causas dessa tendência atual. A necessidade cada vez maior de técnicos, de pessoas com pouca instrução que trabalhem no setor de serviços, de escriturários a executivos de menor escalão, exige pessoas com um conhecimento não mais do que superficial daquilo que nossas faculdades oferecem. Em segundo lugar, todo o nosso sistema social se baseia na crença irreal de que ninguém é forçado a fazer o que faz, atuando só no que gosta. Essa substituição da autoridade aberta pela anônima encontra sua expressão em todas as áreas da vida: a força é camuflada de consentimento; o consentimento é obtido por métodos de sugestão em massa. Como consequência, o estudo também deve ser percebido como algo agradável, não forçado, ainda mais em campos nos quais é mínima a necessidade de conhecimento sério.

A ideia de aprendizado sem esforço tem ainda outra raiz: de fato, o progresso técnico diminuiu a quantidade de energia física necessária para a produção de bens. Na primeira revolução industrial, a energia física, seja animal ou humana, foi substituída pela energia mecânica das máquinas. Na segunda revolução industrial, o pensamento e a memorização foram substituídos por máquinas, a exemplo dos grandes computadores. Essa liberação do trabalho árduo é vista como a maior dádiva do "progresso" moderno. E é uma dádiva, desde que essa energia humana assim liberada seja aplicada a outras tarefas mais elevadas e criativas. Entretanto, esse não tem sido o caso. A liberação da máquina resultou no ideal da preguiça absoluta, do horror de fazer qualquer esforço real. A *boa vida* é a vida *sem esforço*; a necessidade de fazer grandes esforços é, por assim dizer, considerada um resquício medieval, e a pessoa só faz grandes esforços se for realmente forçada a tal, e não voluntariamente. Você vai de carro até o supermercado a duas quadras de distância para evitar o "esforço" de caminhar; o funcionário da loja digita três números na máquina de somar para poupar o esforço mental de somar.

Relacionada à doutrina do zero esforço, há a doutrina da zero dor. Esta também tem uma característica fóbica: evitar a dor e o sofrimento físico e mental (principalmente este) em todas as circunstâncias. A era do progresso moderno afirma conduzir o ser humano à terra prometida da existência sem dor. Na verdade, as pessoas desenvolvem um tipo de fobia crônica à dor, aqui mencionada no sentido mais amplo da palavra, não apenas a dor física e mental. Também é doloroso praticar escalas musicais por horas, todos os dias, estudar um assunto que não é interessante, mas que é necessário para adquirir o conhecimento no qual estamos interessados; é doloroso sentar e estudar quando gostaríamos de encontrar a namorada, ou simplesmente caminhar, ou nos divertir com os amigos. Estas são, de fato, pequenas dores. Infelizmente, é preciso estar disposto a aceitá-las com alegria e sem inquietação se quisermos aprender o que é essencial, se quisermos corrigir o que quer que esteja errado em nossa hierarquia. No que diz respeito a sofrimentos mais graves, deve-se de fato dizer que ser feliz é o destino de apenas alguns, e que sofrer é o destino de todos os indivíduos. A solidariedade tem um de seus fundamentos mais fortes na experiência de compartilhar o próprio sofrimento com o sofrimento de todos.

5. "Antiautoritarismo"

Outro obstáculo ao ser é a fobia contra qualquer coisa que seja considerada *autoritária* – ou seja, "forçada" sobre o indivíduo – e que exija disciplina. Essa fobia é conscientemente concebida como um desejo por liberdade, a completa liberdade de decidir. (Jean-Paul Sartre, em seu conceito de liberdade, forneceu a racionalização filosófica para esse ideal.) Esse obstáculo tem muitas raízes. Antes de tudo, há uma raiz socioeconômica. A economia capitalista se baseia no princípio da liberdade de vender e comprar sem interferência ou restrição, a liberdade de agir sem quaisquer princípios morais ou políticos restritivos – exceto aqueles explicitamente codificados por lei, os quais, em geral, tendem a prevenir danos intencionais a outrem. Mas embora a liberdade burguesa tenha raízes massivamente econômicas, não se pode entender o caráter passional do desejo por liberdade a menos que levemos em conta que esse desejo também está enraizado em uma poderosa paixão existencial: a necessidade de a pessoa ser ela mesma, e não um meio a ser usado para os propósitos de outros.

No entanto, esse desejo existencial por liberdade foi sendo lentamente reprimido; sob o desejo de proteger a propriedade de alguém, o desejo genuíno por liberdade se tornou uma mera ideologia. Ainda assim, um desenvolvimento aparentemente paradoxal ocorreu nas últimas décadas. O autoritarismo diminuiu consideravelmente nas democracias ocidentais, mas, com isso, diminuiu também a liberdade *de fato* do indivíduo. O que mudou não foi o *fato* da dependência, mas sua *forma*. No século 19, aqueles que governavam exerciam uma autoridade aberta, direta: reis, governos, padres, chefes, pais, professores. Com a mudança dos métodos de produção, em especial o papel cada vez maior das máquinas, e com a passagem de uma ideia de trabalho árduo e poupança para o ideal de consumo ("felicidade"), a obediência individual aberta a uma *pessoa* foi substituída por uma submissão à *organização*: a linha de produção, as empresas gigantescas, os governos que persuadem o indivíduo de que ele é livre, de que tudo é feito em seu interesse, de que ele, o público, é o verdadeiro chefe. No entanto, precisamente por causa do poder e do tamanho gigantescos da burocracia do Estado, do exército, da indústria, da substituição dos chefes pessoais por burocracias impessoais, o indivíduo se tornou mais impotente do que nunca – mas ele não está ciente de sua impotência.

De modo a se defender dessa consciência individual e socialmente perturbadora, o indivíduo construiu um ideal de liberdade "pessoal" absoluta e irrestrita. Uma manifestação disso foi o advento da liberdade sexual. Tanto os jovens quanto muitos de seus pais de meia-idade tentaram concretizar esse ideal de liberdade rejeitando quaisquer restrições na esfera das relações sexuais. Sem dúvida, foi um processo em parte muito saudável. Depois de dois mil anos de difamação religiosa, o desejo e a satisfação sexual deixaram de ser considerados pecaminosos e, portanto, reduziram-se os constantes sentimentos de culpa e a prontidão para expiar essa culpa por meio de uma nova submissão. Mas, mesmo com a devida valorização do significado histórico da "revolução sexual", não se deve ignorar alguns outros "efeitos colaterais" menos favoráveis dessa revolução. Ela tentou estabelecer a liberdade de *capricho* em vez da liberdade de *vontade*.

E qual é a diferença? Um capricho é qualquer desejo que surja espontaneamente, sem nenhuma conexão estrutural com a personalidade como um todo e seus objetivos. (Em crianças pequenas, os caprichos fazem parte do padrão normal.) Hoje, o desejo em si – mesmo o mais fugaz ou irracional – exige sua realização; desconsiderá-lo ou até mesmo adiá-lo é visto como uma violação da liberdade da pessoa. Se um homem encontra uma mulher por acidente, tem algumas horas livres e está entediado, ele pode facilmente considerar a ideia de dormir com ela. Uma vez que a ideia tenha aparecido em sua tela mental, ele decide agir de acordo, não necessariamente porque a mulher o atrai em particular ou porque sua necessidade sexual é muito intensa, mas por causa da necessidade compulsiva de realizar o que até mesmo ele concebeu como uma vontade. Ou, digamos, um adolescente solitário e indiferente que, caminhando pela rua, tem de repente o pensamento de que seria excitante esfaquear a jovem enfermeira por quem passa – e ele a esfaqueia até a morte. Não se trata de apenas alguns casos em que as pessoas seguiram seus caprichos. Obviamente, o fato de o primeiro ato ser sexual e o segundo ser um homicídio é uma diferença significativa. Mas o que eles têm em comum é o caráter de capricho. Há muitos exemplos entre esses extremos, e qualquer pessoa pode encontrá-los por si mesma.

O critério geral de um capricho é ele ser uma resposta à pergunta "Por que não?", e não a "Por quê?". Tenho certeza de que qualquer pessoa que observe minuciosamente tal comportamento descobre com que frequência extraordinária as pessoas, quando lhes perguntam se gostariam de fazer isso ou aquilo, começam sua resposta com "Por que não?". Esse "Por que não?" implica que a pessoa faz algo simplesmente porque não há razão para não o fazer, não porque haja uma razão para tal; implica que se trata de um capricho, e não de uma manifestação da vontade. Seguir um capricho é, de fato, resultado da combinação entre uma profunda passividade interior e o desejo de evitar o tédio. A vontade é baseada na atividade; o capricho, na passividade.

O lugar mais significativo em que a ficção da liberdade pessoal é concretizada é a área do consumo. O cliente é o rei do supermercado e do mercado de automóveis. As muitas marcas de um mesmo produto disputam sua preferência. Elas tentaram seduzi-lo durante meses pela tela da TV e, quando ele efetua a compra, parece um homem poderoso que, em plena liberdade, faz suas escolhas entre o sabão em pó A, B ou C – todos implorando por seu voto, como candidatos políticos antes do dia da eleição. O cliente-rei não está ciente de que não tem influência sobre o que lhe é oferecido e que a suposta escolha não é uma "escolha", pois as diferentes marcas são essencialmente as mesmas, às vezes até fabricadas pela mesma empresa.

É possível formular uma lei psicológica geral: quanto maior a sensação de impotência e maior a falta de vontade autêntica, mais cresce a submissão ou o desejo obsessivo de satisfazer os próprios caprichos, bem como a insistência na arbitrariedade.

Em resumo: a principal racionalização para a obsessão pela arbitrariedade é o conceito de antiautoritarismo. Sem dúvida, a luta contra o autoritarismo foi e ainda é de grande e positiva importância. Mas o antiautoritarismo pode se tornar – e tem se tornado – uma racionalização para a autoindulgência narcisista, para uma vida sibarítica e infantil de prazeres sem limites, na qual, de acordo com Herbert Marcuse, até mesmo o primário da sexualidade *genital* é autoritário, pois restringe a liberdade das perversões pré-genitais – ou seja, perversões anais. Por fim, o medo do autoritarismo serve para racionalizar um tipo de loucura, um desejo de escapar da realidade. A realidade impõe sua lei ao indivíduo, leis das quais ele só pode escapar em sonhos ou em estados de transe – ou na insanidade.

Parte 3

6. "Desejar uma só coisa"

Em qualquer área, inclusive na arte de viver, a primeira condição para uma realização acima do medíocre é querer *uma só coisa*.[10] Querer só uma coisa pressupõe ter tomado uma decisão, ter se comprometido com um objetivo. Isso significa que toda a pessoa está voltada e dedicada àquela coisa única pela qual se decidiu, que todas as suas energias fluem na direção dessa meta escolhida.

Quando as energias estão divididas em direções diferentes, um objetivo não é apenas buscado com energia reduzida, mas a divisão das energias tem o efeito de enfraquecê-las em ambas as direções pelos conflitos constantes que são gerados.

Uma neurose obsessiva é um exemplo. A vontade de uma pessoa que está em dúvida quanto a se deve fazer uma coisa ou o seu oposto, cuja atitude em relação às pessoas mais importantes de sua vida é de extrema

---

10 Cf. S. Kierkegaard. *Purity of the Heart and to Will One Thing: Spiritual Preparation for the Office of Confession* (New York: Harper and Brothers, 1938).

ambivalência, pode ficar completamente paralisada para tomar qualquer decisão e, por fim, até para agir, de modo geral. Em casos "normais", nos quais os objetivos não são tão rigidamente opostos, desperdiça-se uma quantidade menor de energia; de todo modo, a capacidade de atingir qualquer objetivo fica bastante reduzida. Na verdade, não importa qual seja a meta – material ou espiritual, moral ou imoral. Um assaltante de banco precisa desejar só uma coisa tanto quanto um cientista ou um violinista, desde que desejem fazer com excelência (ou até mesmo apenas competência) aquilo que estão fazendo. Não entrar de corpo inteiro leva um deles à prisão, os outros a se tornarem um professor universitário improdutivo e entediado ou um membro de uma orquestra de segunda classe, respectivamente. É claro que, se apenas o status de amador for almejado, as coisas serão diferentes: o ladrão provavelmente se meterá em problemas, o cientista provavelmente se sentirá frustrado, enquanto o violinista amador desfrutará completamente de sua atividade por seu valor intrínseco, desde que não espere alcançar a excelência.

É fácil observar a frequência de contradições não resolvidas nos objetivos das pessoas. Em parte, tais contradições derivam de uma fenda em nossa cultura, que fornece a seus membros conjuntos opostos de normas: as da caridade e do altruísmo cristãos e as da indiferença e do egoísmo burgueses. Embora na prática a norma do egoísmo seja geralmente a adotada, muitas pessoas ainda são influenciadas pelas normas antigas, mas não com força suficiente para levá-las a uma conduta de vida diferente.

Na sociedade industrial contemporânea, as oportunidades de fazer as coisas de corpo inteiro são muito reduzidas. De fato, se o trabalhador na linha de produção, o burocrata que arquiva papéis, o limpador de rua ou o homem que vende selos atrás de um vidro na agência dos correios tentasse aplicar todo seu coração e uma vontade unificada em seu trabalho, correria o risco de enlouquecer. Assim, tenta se desligar o máximo que pode desse trabalho e ocupar sua mente com todo tipo de pensamentos e devaneios – ou com nada. Mas ainda há várias ocupações que permitem o desenvolvimento da excelência. Para citar algumas: as de um cientista, um médico, um artista, até mesmo de uma secretária que tem um trabalho interessante a fazer, ou o trabalho de uma enfermeira, de um motorista de ônibus, de um editor de livros, de um piloto, de um carpinteiro. Entretanto, a crescente mecanização e rotinização do trabalho vão reduzir cada vez mais essas possibilidades.

Para começar, mesmo o trabalho manual e administrativo não precisa ser automatizado e rotinizado como é agora. Como demonstrado por vários experimentos recentes, pode-se reduzir a monotonia do trabalho e criar a possibilidade de um certo grau de interesse e habilidade revertendo o processo de superespecialização e mudando os métodos de produção de tal forma que o trabalhador decida seu método de operação e, assim, não mais seja restringido à repetição de um ou dois movimentos mecânicos. No entanto, em qualquer tipo de produção industrial em massa, há limitações na extensão em que o trabalho permitirá o desenvolvimento do interesse e a busca pela excelência.

A questão é bem diferente quando falamos não do aspecto *técnico* do trabalho, mas de seu aspecto *social*. Isso é mais óbvio hoje em dia, quando quase todo trabalho é em equipe, desde as funções em uma fábrica de automóveis até aquelas em um instituto de pesquisa. Todo mundo se vê em uma rede de relações interpessoais, fazendo parte dela de várias maneiras e em diferentes graus. A situação social em que vivo faz parte de minha própria vida; ela me afeta assim como eu a afeto. Se trabalhadores de chão de fábrica – e aqueles do escritório –, ou enfermeiros e funcionários de um hospital, deixassem de ser "empregados", participando da administração das instituições; se eles pudessem construir uma comunidade junto com todos os que trabalham na mesma instituição, teriam diante de si uma tarefa que pode alcançar a excelência por meio da racionalidade da organização e pela qualidade das relações humanas. Nesse trabalho produtivo, cada um também trabalharia produtivamente em sua própria vida.[11]

Para além do local de trabalho como organização social, a organização ideal da sociedade como um todo cria a possibilidade geral de contribuir de todo o coração. No entanto, para alcançar esse objetivo, seria necessário que a sociedade e seu representante político, o Estado, deixassem de ser poderes que se sobrepõem e se opõem ao cidadão, mas fossem o produto de seu trabalho. Isso é totalmente impossível no estágio atual de alienação; em uma sociedade humanizada, a própria sociedade se torna o trabalho mais importante do indivíduo, além de sua própria vida – e os fins de ambas coincidem.

---

11 Cf. a discussão mais extensa sobre o tema em E. Fromm, **The Sane Society** (New York: Rinehart & Co., 1955).

7. Estar desperto

Hoje em dia, entre aqueles que buscam novos caminhos, fala-se muito sobre a alteração e a ampliação do estado de consciência. Com isso, normalmente se referem a algo como ver o mundo sob uma nova luz, em especial em um sentido físico, com cores e formas aparecendo com maior intensidade e em formas totalmente originais. Vários meios são recomendados para alcançar esse estado de consciência alterada, principalmente as drogas psicoativas de várias intensidades e os estados de transe autoinduzidos. Ninguém pode negar que tais estados de consciência alterada possam ocorrer; mas poucos de seus entusiastas parecem levantar a questão de por que alguém iria querer alterar sua consciência, quando, em seu estado normal, ainda nem sequer atingiu o estado de um desenvolvimento regular da consciência. O fato é que a maioria daqueles ansiosos por alcançar estados de consciência alterada não tem estados de consciência mais desenvolvidos do que seus semelhantes que só tomam café e bebidas alcoólicas e fumam cigarros. As farras de consciência ampliada são fugas de uma consciência estreita, e após a "viagem" ninguém está diferente do que era antes e de como seus semelhantes têm sido o tempo todo: pessoas semidespertas.

O termo "semidesperto" precisa de alguma explicação, especialmente porque eu o introduzo para denotar o estado mental habitual da maior parte das pessoas. Acreditamos estar em terreno sólido se fizermos a distinção entre dormir e estar desperto, e até certo ponto isso é verdade. Entre os dois estados, há nítidas diferenças fisiológicas – ou seja, químicas e elétricas. De um ponto de vista psicobiológico, as diferenças podem ser descritas da seguinte forma: no estado de vigília, a pessoa como um todo exerce a função de conseguir alimento, abrigo e outras necessidades da vida e de se proteger contra perigos, principalmente lutando ou fugindo – ou, no caso do ser humano, negociando um acordo que evite ambas as alternativas igualmente perigosas. No estado de sono, a pessoa está livre da função de fazer esforços por sua sobrevivência; ela não precisa trabalhar, e somente sinais de emergência, como ruídos incomuns, a despertam para a autodefesa. Ela se volta para seu interior, sendo capaz de formular mensagens para si mesma, criando, dirigindo e executando planos nos quais expressa seus desejos, seus medos e percepções mais profundos sobre si mesma e sobre os outros – percepções possibilitadas pelo fato de não estar drogada pelas vozes do senso comum e das ilusões que a invadem enquanto está acordada.[12]

De fato, paradoxalmente, ficamos mais despertos quando estamos dormindo do que quando não. Nossos sonhos geralmente atestam nossa atividade criativa, nossos devaneios atestam nossa preguiça mental. Entretanto, tanto o estado de sono quanto o de vigília não são duas entidades indiferenciadas. Dentro de cada estado há muitos subestados:

---

12 Cf. uma análise mais detalhada em E. Fromm, *A linguagem esquecida* (Rio de Janeiro: Guanabara, 1983).

do sono leve ao profundo – estados em que sonhamos (reconhecíveis por um observador porque nossas pálpebras se movem, algo tecnicamente chamado de sono REM) e estados em que não sonhamos.

Sabe-se também que existem distinções nítidas no estado de vigília; elas foram estudadas por meio da análise de diferentes tipos de ondas elétricas emitidas pelo cérebro. Embora nosso conhecimento científico nesse campo ainda seja rudimentar, a auto-observação empírica, no entanto, pode nos fornecer dados que ainda não obtivemos de maneira mais exata. Todos reconhecem diferenças no estado de alerta, de abertura e vigor da mente, em comparação com estados de certa lentidão ou desatenção. Ao mesmo tempo, também é uma questão de experiência geral o fato de que esses dois estados podem se suceder muito rapidamente, de modo que a explicação usual de não ter dormido o suficiente ou de "estar só cansado" pode ser excluída. É interessante analisar qual fator muda o estado de "cansaço" para o de intenso alerta.

O exemplo mais óbvio é o da influência das pessoas. O mesmo homem que estava sentado em seu escritório fazendo seu trabalho rotineiro até corretamente, mas de forma apática, concentrado apenas o suficiente para fazer seu trabalho direito, sai do escritório e encontra uma mulher por quem está apaixonado. De repente, ele se torna outro homem – alerta, espirituoso, atraente, cheio de vida, enérgico. Pode-se dizer que, de semiadormecido, ele se tornou bem desperto. Ou o caso oposto: um homem casado, quando bem imerso em um trabalho interessante, pode estar muito alerta e acordado; ao chegar em casa, ele pode mudar por completo. Pode ficar entediado, meio sonolento, pode querer ver televisão e tomar um drinque, na esperança de que isso o estimule. Quando isso não acontece, pode ocorrer uma conversa superficial com a esposa, depois mais televisão e um suspiro de alívio quando o dia termina – às vezes, com um pouco de sexo cansado (isso, é claro, acontece apenas em "casamentos cansados", em que as pessoas há muito deixaram de estar apaixonadas – se é que já estiveram).

Outras razões também estimulam o despertar: um perigo, uma chance de vencer, de destruir, de conquistar ou de satisfazer qualquer uma das paixões capazes de estimular uma pessoa. Poderíamos dizer, e com razão: "Diga-me o que o desperta e eu lhe direi quem você é".

No entanto, seria um erro supor que a *qualidade* de estar totalmente desperto independe dos estímulos que produzem esse resultado. A pessoa que fica totalmente desperta pela consciência de um perigo estará atenta principalmente a todos os fatores relacionados a essa ameaça; o homem que volta à vida por causa de uma chance de ganhar no jogo pode permanecer completamente alheio à angústia da esposa em relação ao seu vício. Em termos mais gerais, ficamos alertas da maneira e na medida em que uma tarefa de necessidade vital (como trabalhar ou defender seus interesses vitais) ou uma meta passional (como a busca por dinheiro) o exige. O despertar total é diferente desse estado de alerta parcial e, por assim dizer, pragmático. No despertar total, a pessoa não está consciente apenas do necessário para sobreviver ou para satisfazer objetivos passionais; ela está consciente de si mesma e do mundo (pessoas e natureza) ao seu redor. A pessoa vê – não de forma opaca, mas cristalina – a superfície e suas raízes. O mundo se torna totalmente real; cada detalhe, e o conjunto dos detalhes em sua configuração e estrutura, se torna uma unidade significativa. É como se um véu que estava permanentemente diante de nossos olhos – sem que reconhecêssemos que estava lá – caísse de repente.

Esse é um exemplo de despertar conhecido por todos: já vimos muitas vezes o rosto de uma pessoa, que pode ser um parente, um amigo, um conhecido, um colega de trabalho. Um dia, por razões que muitas vezes não entendemos, de repente vemos seu rosto de uma maneira completamente nova. É como se esse rosto tivesse assumido uma nova dimensão. Ele ganhou vida plena para nós (mesmo em sua falta de vitalidade, se for esse o caso). Enxergamos com extraordinária clareza, distinção e realidade. Vemos nele a pessoa, não seus "problemas", seu passado; nada que nos leve a considerações teóricas, apenas ela, em sua "talidade".* Essa pessoa pode ser má ou gentil, forte ou fraca, brutal ou delicada (ou qualquer mistura desses fatores), ela se tornou *ela* para nós, e seu rosto fica em nossa mente. Nunca mais poderemos pensar nela do modo brando, opaco e distante com que ela nos aparecia antes. É claro que não é necessariamente o rosto que se torna tão expressivo. Para muitas pessoas, a mão, a forma do corpo, os gestos e os movimentos têm a mesma importância, ou até mais.

Duas pessoas olham uma para a outra e estão conscientes uma da outra. Elas se enxergam em sua *talidade* única, não há barreira, não há neblina; elas enxergam em um estado de intensa consciência; nesse processo de consciência direta e desimpedida, elas não *pensam* uma na outra, não levantam questões psicológicas, não perguntam como a pessoa se tornou o que é, como se desenvolverá, se é boa ou má; elas apenas estão *conscientes*. Depois, de fato, elas podem *pensar* uma na outra; podem analisar, avaliar, esclarecer – mas, se pensassem enquanto estão conscientes, seria à custa da consciência.

---

* Termo da filosofia platônica que referencia o atributo definidor da coisa ou pessoa em si, sua essência, por assim dizer. [N.T.]

8. Estar ciente

No geral, os termos "estar ciente" [*to be aware*], "saber" [*to know*], "estar consciente de" [*to be conscious of*] são considerados sinônimos. No entanto, as raízes etimológicas de "*aware*" apontam para uma diferença em relação aos outros dois termos; a raiz de *aware* (como a do alemão *gewahr*) tem, na história da palavra em inglês e em alemão, o significado de "atenção", ou "*mindfulness*" (em português, "atenção plena", ou o alemão *Aufmerksamkeit*). A palavra é quase sempre entendida como estar ou tornar-se ciente de algo. Isso significa mais do que a simples consciência ou conhecimento; tem o significado de descobrir algo que não era muito óbvio, ou mesmo que não era esperado. Em outras palavras, seria o conhecimento ou a consciência em um estado de atenção plena.*

---

* Também em português a diferença entre os termos é bastante sutil, como na sobreposição dos sentidos de "consciente": a depender do contexto, pode denotar tanto a qualidade de estar desperto quanto a atenção concentrada em um objeto. Para este capítulo, optou-se por traduzir "*to be aware*" como "estar ciente", uma forma de enfatizar o sentido exposto pelo autor neste parágrafo. [N.T.]

Vamos considerar os diferentes significados de "estar ciente". "Estar ciente" pode se referir ao corpo ou ao estado psíquico de uma pessoa (ou seja, seus sentimentos e seu humor).

Um exemplo simples relativo ao corpo é tomar ciência de sua respiração. É claro, sabemos que estamos respirando, mas este é um conhecimento intelectual que pode ser comprovado pela nossa observação do fato de respirar, de inspirar e expirar, ou do movimento do abdômen. Mas o conhecimento de que respiramos é algo bem diferente de estar ciente do ato de respirar. Qualquer pessoa pode notar a diferença fazendo um experimento simples. Sente-se em uma postura relaxada – ou seja, nem desleixada nem rígida –, feche os olhos, tente não pensar em nada e apenas sinta sua respiração. De forma alguma é tão fácil quanto parece, porque muitos pensamentos se intrometerão, e pode-se notar, especialmente no início, que depois de alguns segundos já não se está mais ciente da própria respiração, começando a se encher de pensamentos muitas vezes irrelevantes. Na medida em que a pessoa consegue se concentrar na respiração, ela está ciente do processo de respiração. Sem tentar forçá-lo ou controlá-lo, sem nenhum propósito ou objetivo, a pessoa se entrega ao ato de respirar. Descobriremos que esse estar ciente da respiração é algo muito diferente de pensar sobre a respiração. De fato, os dois modos são autoexcludentes. No momento em que penso *sobre* minha respiração, já não posso estar ciente do ato de respirar.

Outro exemplo,[13] também simples de ser experimentado por qualquer pessoa, é o seguinte: novamente, a pessoa entra em uma posição relaxada e fecha os olhos. As mãos ficam apoiadas na parte superior das pernas (é a postura que pode ser vista nas estátuas dos famosos faraós sen-

---

13 Este exemplo foi retirado do método de "consciência sensorial" que é descrito (na forma aplicada por Charlotte Selver) por Charles Brooks em ***Sensory Awareness: The Rediscovery of Experiencing*** (Nova York: Viking, 1974).

tados de Abu Simbel). Então a pessoa resolve levantar um dos braços até um ângulo de 45 graus. Quando fazemos isso de um modo normal, com os olhos abertos, nosso sistema nervoso envia um sinal para os músculos correspondentes e levantamos o braço. Fazemos isso imediatamente, vemos o efeito; a ordem é cumprida e podemos dar a ordem para deixá-lo voltar à sua posição original. Vivenciamos o movimento do braço? Dificilmente: o braço é um instrumento, e haveria pouca diferença se apertássemos um botão que elevasse um braço artificial. O que importa é o efeito, não o processo. Se, em contraste com o método usual, quisermos nos concentrar na vivência do movimento, devemos tentar esquecer o fim e mover o braço com tanta lentidão que começaremos a sentir como ele se move – desde a sutil elevação da palma da mão a partir do repouso até o momento em que ela está no ar, depois mais e mais longe até enfim chegar mais ou menos à altura planejada e, em seguida, conforme o movemos para baixo de novo até que ele chegue a um repouso completo. Qualquer um que fizer esse pequeno exercício perceberá que está vivenciando o braço em movimento, e não que é uma testemunha do "movimento". Reconhecerá também que ficou tão concentrado em estar ciente do movimento que não pensa nem reflete sobre ele; pode pensar ou refletir *sobre* ele antes ou depois, mas no processo de tornar-se ciente o pensamento é excluído.

O mesmo princípio existe na "arte de se mover" (ensinada por Katya Delakova) e em uma antiga sequência de movimentos tradicional chinesa, o tai chi chuan. (Este último é um exercício particularmente recomendável, porque combina elementos de "ciência sensorial" com um estado de meditação concentrada.)[14]

---

14 Estou em débito com Charlotte Selver por suas aulas sobre "consciência sensorial", na década de 1940, e com Katya Delakova por suas aulas sobre "a arte do movimento" e, especialmente, o tai chi chuan, nos últimos dez anos.

A mesma diferença entre estar ciente e pensar também existe em relação a nossos sentimentos e humores. Se estou ciente de sentir alegria, amor, tristeza, medo ou ódio, isso significa que eu sinto e que o sentimento não é reprimido; não significa que eu pense ou *reflita* sobre meu sentimento. Também seria correto dizer "estou consciente" do que sinto; *consciente* vem da raiz latina *con* = com + *scire* = saber; ou seja, participar do conhecimento ou "com as faculdades mentais despertas". Estar consciente contém um elemento ativo semelhante a "estar ciente de".* O equivalente em alemão, *Bewusstsein*, é ainda mais expressivo; é *bewusstes Sein* = ser consciente. (Até o século 18, o termo é usado na linguagem filosófica em duas palavras: "*bewusst Sein*".)

Até agora, discuti o estar ciente do que não está oculto. Algo diferente é o tornar-se ciente do que está oculto. Isso é o mesmo que ficar ciente do que está inconsciente (reprimido) ou *fazer-se* consciente do que está reprimido, já que, em geral, é necessário um esforço ativo para que algo inconsciente se torne consciente. Poderíamos também chamar tal processo de *revelação* ou *descoberta* do tornar-se ciente.

As duas teorias críticas mais extensivas e reveladores da última fase da sociedade industrial foram as de Marx e Freud.[15] Marx mostrou o poder de movimentação e os conflitos do processo histórico-social; Freud visava à revelação crítica dos conflitos internos. Ambos trabalharam para a

---

* Apesar de na abertura deste capítulo o autor fazer questão de enfatizar diferenças entre *"to be aware"* e *"to be conscious of"*, aqui ele sinaliza que ambas as expressões podem ser sinônimos. Entendemos que o que pode estar sendo exposto aqui é o aspecto partilhado entre os dois significados, ou seja, esse "elemento ativo". Imaginamos que aqui e em outros momentos do livro, caso o próprio Fromm tivesse preparado o texto para publicação, talvez algumas explicações tivessem sido expandidas. Apesar do estranhamento, respeitamos o original e o transportamos para a nossa edição. [N.E.]

15 O budismo também foi uma teoria crítica que, como o marxismo, mobilizou a ação de milhões de pessoas, do mesmo modo como as teorias de Marx fizeram no século 19. (Estou em débito com Z. Fišer por demonstrar-me esse paralelo.)

libertação do homem, embora o conceito de Marx fosse mais abrangente e menos preso ao próprio tempo do que o de Freud. Ambas as teorias também compartilham o destino de logo terem perdido sua qualidade mais importante, a do pensamento crítico e, portanto, libertador, tendo sido transformadas pela maioria de seus "fiéis" em ideologias, e seus autores em ídolos.

O fato de as análises críticas de Freud e Marx poderem ser consideradas a expressão da mesma ideia em duas dimensões diferentes se baseia em um ponto fundamental.

Tornar-se ciente não se relaciona apenas à revelação de conflitos internos, mas também aos conflitos na vida social que são negados e harmonizados por ideologias (racionalizações sociais). Como o indivíduo é parte da sociedade e não pode ser concebido fora do tecido social, as ilusões sobre a realidade social afetam a clareza de sua mente e, portanto, também o impedem de se libertar das ilusões sobre si mesmo. A capacidade de enxergar não é divisível – e o mesmo vale para a cegueira. A faculdade crítica da mente humana é uma só: acreditar que alguém pode estar enxergando internamente, estando cego no que diz respeito ao mundo exterior, é como dizer que a luz de uma vela ilumina apenas em uma direção, e não em todas. A luz de uma vela é a capacidade da razão para o pensamento crítico, penetrante e revelador.

Duas perguntas devem surgir: o efeito libertador de tornar-se ciente é algo possível; e, sendo, de que modo? Ainda mais: tornar-se ciente é algo necessariamente desejável?

Não há dúvida de que ele é possível. Ao longo da história, há muitos exemplos do fato de que o homem é capaz de desfazer as correntes da ilusão e penetrar nas raízes e, portanto, nas causas dos fenômenos. Estou me referindo aqui não apenas aos "grandes homens", mas a muitas pessoas comuns que, às vezes por razões desconhecidas, se livram das ilusões que obstruem seus olhos e começam a enxergar. Mais sobre isso será dito na discussão posterior sobre psicanálise.

Uma resposta à pergunta sobre por que isso é possível parece estar na seguinte consideração: a força da posição do ser humano no mundo depende do grau de adequação de sua percepção da realidade. Quanto menos adequada ela for, mais desorientado e, portanto, inseguro ele é, necessitando, assim, de ídolos para se apoiar e encontrar segurança. Quanto mais adequada ela for, mais ele poderá se erguer nas próprias pernas e ter seu centro em si mesmo. O ser humano é como Anteu, que se enchia de energia ao tocar a Mãe Terra e que só poderia ser morto se seu inimigo o mantivesse no ar por tempo suficiente.

Já responder à pergunta sobre se é desejável se livrar da cegueira é mais difícil. Haverá um consenso considerável de que é desejável desde que a percepção dos conflitos ocultos leve a uma solução construtiva e, portanto, a um maior bem-estar. Isso é o que Marx esperava se a classe trabalhadora tomasse ciência de suas próprias condições. Se a classe trabalhadora se livrasse de suas ilusões, construiria uma sociedade que não precisaria de ilusões (e isso poderia ser feito, porque as condições históricas eram propícias). Freud acreditava que a percepção dos conflitos ocultos entre forças conscientes e inconscientes resultaria na cura da neurose.

Mas e se o conflito não puder ser resolvido? Não é melhor o homem viver com ilusões do que com uma verdade dolorosa que não o ajuda a se libertar na vida real? Se, como Marx e Freud acreditavam, os ensinamentos da religião eram uma ilusão, ela era necessária para possibilitar até a sobrevivência do homem? O que teria acontecido ao homem se ele tivesse desistido dessa ilusão e não tivesse vivenciado nada além de desespero por não enxergar nenhuma chance de uma ordem social mais humana e maior bem-estar pessoal? Ou se uma pessoa sádica e obsessiva reconhecesse as raízes de seu sofrimento e, ainda assim, por uma série de razões possíveis, soubesse também que não poderia mudar, ela não estaria melhor se permanecesse cega e continuasse a acreditar em suas racionalizações?

Quem se atreverá a responder a essas perguntas? À primeira vista, parece que o desejo de não fazer ninguém sofrer desnecessariamente deveria ser uma razão suficiente a favor de não o libertar de suas ilusões. No entanto, não posso deixar de ter alguns questionamentos sobre essa resposta. Não é a mesma coisa que perguntar se devemos contar a verdade a um paciente sobre uma doença terminal? Será que não o privamos da última possibilidade de enfrentar sua vida, de reunir toda a força interior que ele não havia mobilizado e de superar o medo com serenidade e força? Esta última questão tem sido discutida com frequência; parece-me que os observadores mais atenciosos se recusarão a escolher, dogmaticamente, uma ou outra solução; eles concordarão que isso depende da personalidade da pessoa que está morrendo e que a decisão só pode ser feita após uma tentativa de avaliar a força real e potencial interior dessa pessoa e entender seus desejos mais profundos, muitas vezes não expressos. Parece-me desumano impor a ela a verdade em qualquer crença dogmática sobre o que é necessariamente "melhor para ela".

Em questões de conflitos e ilusões em geral, um raciocínio semelhante parece justificado. Em primeiro lugar, a questão é, em parte, puramente abstrata e, portanto, uma pergunta errada; a maioria dos indivíduos, bem como as classes sociais que não suportam a desilusão sem soluções positivas, simplesmente não vão ouvir, entender e, certamente, não vão concordar com a análise que o desilude, mesmo que o pensador crítico fale com uma voz angelical. Na vida social e individual, exemplos da força da resistência são abundantes e não há necessidade de citar nenhum. Mas e quanto àqueles cuja resistência não for tão grande? Será que manter suas ilusões é necessariamente melhor para eles?

Para responder a essa pergunta, devemos nos lembrar de que tomar ciência da verdade tem um efeito libertador; é algo que libera energia e desanuvia a mente. Como resultado, a pessoa se torna mais independente, encontra seu centro em si mesma e fica mais viva. Ela pode se dar plena conta de que nada na realidade pode ser mudado, mas ela conseguiu viver e morrer como uma pessoa humana, e não como um cordeiro no rebanho. Se evitar a dor e obter o máximo conforto são os valores supremos, então, de fato, as ilusões são preferíveis à verdade. Se, por outro lado, considerarmos que toda pessoa, em qualquer época da história, nasce com o potencial de ser uma pessoa completa e que, ainda mais, com sua morte a única chance que lhe foi dada termina, então, de fato, muito pode ser dito sobre o valor pessoal de se desfazer das ilusões e, assim, atingir um nível ideal de realização pessoal. Além disso, quanto mais os indivíduos enxergarem, maior será a probabilidade de produzirem mudanças – sociais e individuais – o mais cedo possível, em vez de, como geralmente acontece, esperarem até que as chances de mudança desapareçam porque sua mente, sua idade e sua vontade se atrofiaram.

A conclusão de todas essas considerações é que o passo mais importante na arte de ser envolve tudo o que nos leva à capacidade de uma consciência mais elevada – e, no que diz respeito à mente, à capacidade de pensamento crítico e questionador – e a aprimora. Não se trata primordialmente de uma questão de inteligência, educação ou idade. Na essência, é uma questão de caráter; mais especificamente, do grau de independência pessoal em relação a autoridades irracionais e ídolos de todos os tipos com que a pessoa tomou contato.

Como essa maior independência pode ser alcançada? O que pode ser dito aqui é apenas o seguinte: uma vez que a pessoa esteja ciente da importância crucial da não submissão (refiro-me aqui à não submissão interior, e não necessariamente à desobediência puramente desafiadora e dogmática), ela se tornará muito sensível aos pequenos sinais de submissão, examinará a racionalização que a justifica, praticará a coragem e descobrirá que, uma vez que o problema e seu significado central sejam reconhecidos, ela descobrirá por si mesma muitas respostas para a questão. É a mesma coisa que acontece com todo o resto: descobrimos respostas para os problemas somente quando sentimos que eles são urgentes, que é uma questão de vida ou morte resolvê-los. Se nada for de um interesse ardente, a razão e a faculdade crítica da pessoa operam em um nível baixo de atividade; parece, então, que lhe falta a faculdade de observar.

Outra atitude útil é a de profunda desconfiança. Como a maior parte do que ouvimos é inteiramente falsa, ou metade verdadeira e metade distorcida, e como a maior parte do que lemos nos jornais são interpretações distorcidas apresentadas como fatos, de longe o melhor plano é iniciar com um ceticismo radical e com a suposição de que a maior parte do que ouvimos provavelmente é mentira ou distorção. Se isso soar muito sombrio e cínico, posso acrescentar que não quero dizer isso literalmente, mas sim enfatizar que é algo muito mais saudável do que a premissa oposta, ou seja, acreditar que as pessoas dizem a verdade até que se prove o contrário.

Minha recomendação talvez pareça menos misantrópica se eu enfatizar que me referi à verdade das afirmações; eu não disse que as pessoas são mentirosas. Talvez fosse mais simples, embora menos suportável, se a maioria das pessoas pudesse ser qualificada dessa forma, mas o fato é que a maioria das pessoas cujas declarações são falsas ou meias-verdades acredita sinceramente no que está falando, ou pelo menos se convence disso enquanto faz suas declarações.

Quanto aos passos práticos para a autoconsciência, vou discuti-los mais tarde no capítulo sobre psicanálise e autoanálise. Antes, porém, quero discutir alguns outros passos no aprendizado da arte de viver.

9. Concentrar-se

A capacidade de se concentrar tornou-se uma raridade na vida do humano cibernético. Ao contrário: parece que ele faz de tudo para evitar a concentração. Ele gosta de fazer várias coisas ao mesmo tempo, como ouvir música, ler, comer, conversar com os amigos. Uma charge expressou essa tendência de forma bastante sucinta: um homem instalou uma televisão na parede acima de sua cama para que pudesse olhar para a tela enquanto fazia amor!

De fato, a televisão é uma boa professora de não concentração. Com as interrupções de um programa para publicidade, o público fica condicionado a *não* se concentrar. A mesma tendência ocorre nos hábitos de leitura, e a moda de editar e publicar antologias a acentua. Pior ainda, um autor oferece fragmentos de pensamento como substitutos para a leitura de seu livro; dessa forma, não é preciso se concentrar para compreender um sistema complexo de pensamentos, obtendo o "grosso" em porções pequenas, que exigem muito menos concentração. Muitos alunos têm o hábito de nunca ler um livro inteiro, mesmo que não haja uma antologia ou resumo. A introdução, a conclusão, algumas páginas que o professor indicou – e a pessoa "conhece" o pensamento do autor, pelo menos superficialmente, e sem precisar se concentrar.

Nas conversas, a pouca concentração em um assunto e na outra pessoa é certamente conhecida por qualquer um que observe as interações orais comuns. Quando as pessoas estão sozinhas, elas também evitam se concentrar em qualquer coisa; imediatamente pegam um jornal ou uma revista, o que permite uma leitura fácil e não exige concentração real.

A concentração é um fenômeno raro assim porque a vontade do indivíduo não está direcionada a uma coisa; nada vale o esforço da concentração, porque nenhum objetivo é perseguido com paixão. Mas há mais: as pessoas têm medo de se concentrar porque temem perder a si próprias se estiverem muito absorvidas por outra pessoa, por uma ideia, por um evento. Quanto menos forte for o seu eu, maior será o medo de se perder no ato de se concentrar no não eu. Para a pessoa com uma orientação dominante para o ter, esse medo de perder a si próprio é um dos principais fatores que atuam contra a concentração. Por fim, a concentração requer atividade interior, não estar cheio de tarefas, e essa atividade é rara hoje em dia, quando estar atarefado é a chave para o sucesso.

Há ainda outro motivo pelo qual as pessoas têm medo de se concentrar: elas acham que a concentração é uma atividade muito extenuante, que as cansaria rapidamente. Na verdade, é o oposto, como qualquer pessoa pode observar em si mesma. A falta de concentração deixa a pessoa cansada, enquanto a concentração a desperta. Não há nenhum mistério nisso. Na atividade não concentrada, nenhuma energia é mobilizada, pois um baixo nível de energia é suficiente para realizar a tarefa. A mobilização de energia, que tem um aspecto tanto psíquico quanto fisiológico, tem o efeito de fazer com que a pessoa se sinta viva.

A dificuldade de concentração é, em última análise, o resultado da totalidade da estrutura do sistema contemporâneo de produção e consumo. Quanto mais o trabalho das pessoas for servir a uma máquina ou atuar como a parte da máquina que ainda não foi concebida em ferro ou aço, menos elas têm a chance de se concentrar. O processo de trabalho é monótono demais para permitir uma concentração genuína. O mesmo se aplica ao consumo. O mercado oferece o maior número possível de diversões diferentes, em tanta variedade que não é necessário nem possível se concentrar em uma única coisa. Onde estaria o comércio se as pessoas começassem a se concentrar em algumas poucas coisas em vez de se cansarem de algo com rapidez e saírem correndo para comprar coisas novas, empolgantes pela própria novidade?

Como se aprende a concentração? A resposta a essa pergunta será muito breve ou muito longa. Por razões de espaço, aqui será breve.

Como primeiro passo, sugiro praticar como ficar imóvel. Em termos concretos, isso significa ficar parado por, digamos, dez minutos, não fazer nada e, na medida do possível, não pensar em nada, mas estar ciente do que está acontecendo em si mesmo. Qualquer um que pense que isso é fácil nunca tentou. Quem tenta descobre imediatamente que é muito difícil. Perceberá que fica inquieto; que mexe a mão, as pernas, o corpo. Isso se torna ainda mais evidente quando tenta a posição sentada clássica que ainda vemos nas estátuas e nos quadros dos faraós: pernas não cruzadas, mas firmemente plantadas à frente, braços em um apoio ou na parte superior da perna. Mas a posição não deve ser rígida, como aprendemos na ginástica antiquada, que mais parece militar, nem desleixada e preguiçosa. É outra coisa: o corpo está em uma posição harmoniosa, sente-se vivo e confortável de uma forma ativa. Se a pessoa aprendeu esse tipo de postura sentada, ela se sente desconfortável em uma cadeira com muito estofado e confortável em uma cadeira simples.

Essa prática de se sentar é um passo para aprender a concentração. Sua duração deve ser prolongada de dez para quinze minutos, ou até vinte, e deve ser feita regularmente todos os dias pela manhã, e é muito recomendável praticá-la pelo menos por cinco a dez minutos à noite e, se possível, mais uma vez durante o dia. Depois de alcançar uma certa quantidade de quietude – o esforço pode durar de um a três meses –, é recomendável adicionar exercícios de concentração direta durante ou após o período de quietude. Em termos práticos, isso pode ser feito de várias maneiras. Pode-se focar em uma moeda e se concentrar completamente em todos os seus detalhes, a ponto de vê-la por inteiro com os olhos fechados; ou pode-se usar qualquer outro objeto – um vaso, um relógio, um telefone, uma flor, uma folha, uma pedra ou qualquer outro objeto em que se queira concentrar. Ou, em vez disso, pode se concentrar em uma palavra.

Durante muitos meses, muitos outros pensamentos passarão por sua mente e interromperão a concentração. Aqui, como em tudo o que é vivo, a força não faz bem; não ajuda tentar expulsar pensamentos tangenciais, tratá-los como se fossem inimigos e, assim, sentir-se derrotado se não tiver vencido a batalha. Eles precisam ser tratados com delicadeza, e isso significa que é preciso ser paciente consigo mesmo. (A impaciência geralmente é o resultado da intenção de usar a força.) Lentamente, muito lentamente mesmo, os pensamentos intrusos diminuirão em frequência e a pessoa conseguirá se concentrar melhor.

Outro obstáculo ainda mais formidável é a sonolência e, com frequência, a pessoa se pegará prestes a cochilar. Isso também deve ser encarado com naturalidade. Pode-se voltar à concentração imediatamente, ou antes respirar fundo algumas vezes e, se a sonolência persistir, pode-se parar e tentar de novo em um momento melhor. Essas dificuldades tornam o aprendizado da concentração tão difícil porque muitas pessoas, se não a maioria, ficam desanimadas depois de um tempo lidando com elas. As pessoas podem se criticar por sua incapacidade ou racionalizar seu fracasso decidindo que, de toda forma, o método como um todo é ruim. Aqui, como em qualquer ato de aprendizado, a capacidade de tolerar o fracasso é de importância crucial.

A produção por máquinas, em que o objeto é expelido pela máquina, não conhece falhas, mas também não conhece excelência. A produção por máquinas levou a uma ilusão peculiar de que o caminho para a excelência é direto e agradável; que o violino não faz ruídos de arranhado; que o estudo de um sistema filosófico não deixa o leitor muitas vezes perplexo e perdido; que se faz uma refeição perfeita depois de ter lido uma única vez o livro de receitas. Somente poderemos evitar o inevitável desânimo no processo de aprender a se concentrar se soubermos que, como para qualquer outra conquista, o caminho para a concentração necessariamente traz consigo fracassos e decepções.

Os exercícios simples descritos acima devem ser acompanhados ou seguidos pela prática da concentração nos pensamentos e nos sentimentos. Por exemplo, lemos um livro sobre um tópico importante de um autor que, supostamente, tem algo significativo a dizer, e podemos observar como lemos o livro: se ficamos inquietos depois de uma hora; se tentamos pular páginas; se relemos uma página porque ela não ficou muito clara na primeira leitura; se pensamos sobre o argumento do autor, formulando respostas ou novas ideias por nós mesmos; se tentamos entender o que o autor de fato quer dizer, em vez de nos atermos a críticas sobre esse ou aquele ponto para refutar o autor; se queremos aprender algo novo ou ter nossos próprios pontos de vista confirmados direta ou indiretamente pelas falhas de um ponto de vista oposto.

Esses são alguns dos sintomas que nos ajudam a descobrir se estamos lendo de forma concentrada. Se descobrirmos que não estamos concentrados, devemos praticar a concentração na leitura, indo até a essência do pensamento do autor, muitas vezes à custa de ler menos livros.

Em essência, concentrar-se em outra pessoa não é diferente de concentrar-se em pensamentos. Devo deixar para a experiência de cada leitor a tarefa de reunir material para a tese de que a maioria de nossos relacionamentos pessoais sofre com a completa ausência de concentração. Tendemos a ser péssimos juízes de caráter porque não vamos muito além de captar a superfície da personalidade de outra pessoa – ou seja, o que ela diz, como se comporta, que posição ocupa, como se veste. Em suma, observamos a *persona*, a máscara que ela nos mostra, e não penetramos nessa superfície para levantar a máscara e ver quem é a *pessoa* por trás dela. Só faremos isso se nos concentrarmos nela. Mas parece que temos medo de conhecer qualquer pessoa plenamente, inclusive nós mesmos.

A individualidade interfere no bom andamento do processo. A observação concentrada de uma pessoa nos força a reagir com compaixão, cuidado ou, por outro lado, com horror – tudo isso é desfavorável ao bom funcionamento de uma sociedade cibernética. Queremos distância, queremos saber uns dos outros só o necessário para vivermos juntos, cooperarmos e nos sentirmos seguros. Portanto, o conhecimento da superfície é desejável, e o conhecimento obtido por meio da concentração é perturbador.

Há outras formas úteis de concentração, como certos esportes, a exemplo do tênis ou do alpinismo, e jogos, como o xadrez; o mesmo vale para tocar um instrumento ou pintar e esculpir. Todas essas atividades podem ser feitas de forma concentrada ou não concentrada. De modo geral, elas são feitas de forma não concentrada e, portanto, não contribuem em nada para o aprendizado da concentração; mas, sempre que forem feitas de forma concentrada, o efeito mental é totalmente diferente. Mesmo sem fazer nenhuma dessas coisas, porém, é possível viver continuamente de forma concentrada. Como veremos mais adiante, o conceito budista de atenção plena significa precisamente um modo de ser no qual a pessoa está totalmente concentrada em tudo o que está fazendo a qualquer momento, seja plantando uma semente, limpando um cômodo ou comendo. Ou como disse um mestre zen: "Quando eu durmo, eu durmo, quando eu como, eu como...".

10. Meditar

Um caminho direto parte da prática da concentração em direção a uma das preparações básicas para aprender a arte de ser: a meditação.

Para começar, é preciso distinguir entre dois tipos diferentes de meditação: estados de transe leve induzido pelo uso de técnicas autossugestivas, o que pode levar ao relaxamento mental e físico e fazer com que o praticante se sinta revigorado, descansado e com mais energia. Um exemplo de tais métodos é o "treinamento autógeno" desenvolvido em Berlim pelo falecido professor I. H. Schultz. Ele tem sido praticado por milhares de pessoas e, em geral, com bom sucesso.[16] Schultz nunca afirmou que o método servisse para outra coisa que não fosse o relaxamento mental. Como se trata de um método que deve ser praticado pelo próprio indivíduo, ele tampouco é totalmente passivo ou cria dependência à pessoa do professor.

---

16 Eu e minha esposa estudamos com o professor Schultz, mas não tivemos muito sucesso por causa de uma resistência interna à sua característica autossugestiva.

Em contraste com as formas autossugestivas de meditação estão aquelas cujo objetivo principal é atingir um grau mais elevado de não apego, de não ganância e de não ilusão; em resumo, aquelas que servem para atingir um nível mais elevado de ser. Encontrei na *meditação budista* uma forma simples, não mistificadora e não sugestiva de meditação que tem como objetivo nos aproximar da meta budista, que é a cessação da ganância, do ódio e da ignorância. Felizmente, temos uma excelente descrição da meditação budista feita por Nyanaponika Mahathera, que recomendo a todos que estejam seriamente interessados em aprender esse método de meditação.[17]

As observações a seguir vão indicar o que o leitor encontrará no livro. O objetivo da meditação budista é a *consciência máxima* de nossos processos corporais e mentais. O autor afirma que

> o cultivo sistemático da Atenção Plena Correta, conforme ensinado pelo Buda em seu Discurso sobre *Satipatthana*[18] [atenção plena], fornece ainda o método mais simples e direto, mais completo e eficaz para treinar e desenvolver a mente para suas tarefas e problemas diários, bem como para seu objetivo mais elevado: a inabalável libertação da mente da Ganância, do Ódio e da Ilusão. Os ensinamentos do Buda oferecem uma grande variedade de métodos de treinamento mental e temas de meditação, adequados às diversas necessidades, temperamentos e capacidades individuais. No entanto, todos esses métodos acabam convergindo para o "Caminho da Atenção Plena", chamado pelo próprio Mestre de "o Único Caminho" (ou: o Primeiro e Único Caminho, *ekayano magyo*). O Caminho da Atenção Plena pode, portanto, ser

---

17 Nyanaponika Thera, **The Heart of Buddhist Meditation** (Nova York: Samuel Weiser, 1973 [primeira edição pela Rider & Co., Londres, 1962]).

18 Cf. capítulos 2-5 sobre atenção plena em Moshe Chavim Lazetto, **The Path of the Just,** 2ª ed. (Jerusalém e Nova York: Feldheim, 1974), trad. de S. Silverstein.

corretamente chamado de "o coração da meditação budista" ou mesmo "o coração de toda a doutrina" (*dhamma-hadaya*). Este grande Coração é, de fato, o fulcro da corrente sanguínea que pulsa por todo o corpo da doutrina (*dhamma-kaya*).

Esse antigo Caminho da Atenção Plena é tão praticável hoje quanto era há 2,5 mil anos. É tão aplicável nas terras do Ocidente quanto nas do Oriente; no meio do tumulto da vida, bem como na paz da cela do monge. [...]

A Atenção Plena Correta é, de fato, a base indispensável da Vida Correta e do Pensamento Correto – em todos os lugares, a qualquer momento, para todos. Ela tem uma mensagem vital para todos: não apenas para o seguidor convicto do Buda e de sua Doutrina (*Dhamma*), mas para todos que se esforçam para dominar a mente, tão difícil de controlar, e que com sinceridade desejam desenvolver suas faculdades latentes de maior força e maior felicidade.[19]

A atenção plena é praticada não apenas nos exercícios diários de meditação nos quais a consciência da respiração é a questão central, mas deve também ser aplicada a todos os momentos da vida cotidiana. Ela implica não fazer nada de forma distraída, mas com total concentração no que está à mão, seja andar, comer, pensar, ver, de modo que a vida se torne totalmente transparente por meio da plena consciência. "A atenção plena abrange o homem inteiro e todo o seu campo de experiência", diz Nyanaponika.[20] Ela se estende a todas as esferas do ser: ao *estado* da mente e ao *conteúdo* da mente. Com a atenção plena, toda experiência é clara, distinta, real e, portanto, não automática, mecânica ou difusa. A pessoa que alcançou um estado de total atenção plena está desperta,

---

19 *The Heart of Buddhist Meditation*, p. 7, 8.

20 *Ibid.*, p. 57.

consciente da realidade em sua profundidade e concretude; está concentrada, e não distraída.

O primeiro dos exercícios que levam a um aumento da atenção plena é *respirar*. Como o autor enfatiza, é "um exercício de *atenção plena*, e não de *respiração*".

> No caso da prática budista, não há "retenção" da respiração ou qualquer outra interferência nela. Há apenas uma silenciosa "observação despojada" de seu fluxo natural, com uma atenção firme e constante, mas fácil e "leve", ou seja, sem tensão ou rigidez. A duração ou dificuldade da respiração é percebida, mas não é deliberadamente regulada. No entanto, com a prática regular, a respiração se acalma, se equaliza e se aprofunda naturalmente; e a tranquilização e o aprofundamento do ritmo da respiração levam à tranquilização e ao aprofundamento de todo o ritmo da vida. Dessa forma, a atenção plena na respiração é um fator importante para a saúde física e mental, embora isso seja apenas incidental para a prática.[21]

Na meditação budista clássica conforme descrita por Nyanaponika, segue-se à atenção plena na respiração uma atenção às posturas corporais, uma compreensão clara de todas as funções do corpo; e então uma consciência clara dos sentimentos, do estado mental (autoconhecimento) e dos conteúdos mentais.

Neste breve panorama, é impossível relatar com clareza e detalhes suficientes a meditação budista como praticada pela escola Theravada, à qual Nyanaponika Mahathera pertence. Portanto, para qualquer pessoa que esteja seriamente interessada na meditação que amplia a consciência, só posso recomendar o estudo de *The Heart of Buddhist Meditation* [O coração da meditação budista]. Há, porém, uma observação

---

21 *Ibid.*, p. 61.

que gostaria de acrescentar a essa sugestão, embora o próprio autor tenha mencionado que esse método "não é apenas para os seguidores confirmados do Buda": o autor é um monge budista muito erudito e apresenta a doutrina budista em sua forma tradicional. Para muitos que, como eu, não concordam com certas doutrinas budistas – como a reencarnação e uma certa tendência de negação da vida no budismo Hinayana – ou com as técnicas sugeridas para se convencer da futilidade do desejo imaginando a sujeira do corpo morto, é difícil praticar a meditação exatamente da maneira que o autor descreve. No entanto, parece-me que, mesmo sem as doutrinas que acabamos de mencionar, há duas doutrinas centrais aceitáveis para muitos que, como eu, não são budistas, mas estão profundamente impressionados com a essência dos ensinamentos budistas. Refiro-me, em primeiro lugar, à doutrina de que a meta da vida é superar a ganância, o ódio e a ignorância. Nesse aspecto, o budismo não difere basicamente das normas éticas judaicas e cristãs. Mais importante, e diferente da tradição judaica e cristã, é outro elemento do pensamento budista: a exigência de uma consciência ideal dos processos dentro e fora de si mesmo. O budismo, tendo sido um movimento revolucionário contra a ortodoxia hindu e severamente perseguido por seu ateísmo durante séculos, é caracterizado por um grau de racionalidade e pensamento crítico que não é encontrado nas religiões ocidentais. A essência de seus ensinamentos é que, por meio de uma consciência plena da realidade, o ódio, o rancor e, portanto, o sofrimento podem ser superados. É um sistema filosófico-antropológico que chega a normas de vida como consequência da análise dos dados observáveis sobre a existência do homem.

O próprio Nyanaponika Mahathera expressou esse ponto de vista com grande clareza. Ele descreve a função da atenção plena como "produzir uma clareza e intensidade de consciência cada vez maiores e apresentar uma imagem da realidade cada vez mais expurgada de quaisquer falsificações".[22] Ele fala da meditação como algo que leva a "um contato natural, próximo e mais amigável" com o "subconsciente".[23] "Dessa forma", escreve ele, "o subconsciente se tornará mais 'articulado' e mais receptivo ao controle, ou seja, capaz de ser coordenado e útil para as tendências governantes da mente consciente. Ao reduzir o elemento imprevisível e incontrolável que emerge do subconsciente, a autossuficiência receberá uma base mais segura".[24]

Ele termina a descrição da prática da atenção plena enfatizando um dos elementos mais significativos do pensamento budista: a insistência na independência e na liberdade. Ele escreve: "Em seu espírito de autoconfiança, *Satipatthana* [atenção plena] não requer nenhuma *técnica* elaborada ou dispositivos externos. A vida cotidiana é seu material de trabalho. Não tem nada a ver com quaisquer cultos ou ritos exóticos, nem confere 'iniciações' ou 'conhecimento esotérico' de qualquer forma que não seja através da autoiluminação".[25]

Já vimos que a essência da meditação budista é alcançar a consciência ideal da realidade, mais particularmente do corpo e da mente. Mesmo para quem segue o método de meditação budista na sua forma tradicional, surge a questão de saber se essa forma não pode ser ampliada pela

---

22 *Ibid.*, p. 26.

23 *Ibid.*, p. 82. O termo "subconsciente" tem sido escolhido pelo autor por boas razões dentro de seu próprio quadro; eu preferiria o termo "inconsciente", porque ele não implica uma localização espacial abaixo da consciência.

24 *Ibid.*, p. 82.

25 *Ibid.*, p. 82.

adição de novas dimensões de consciência que no método tradicional são apenas sugeridas. Parece-me que, de fato, existem duas extensões da meditação budista, embora estas possam ser praticadas frutuosamente sem qualquer ligação com a meditação budista, em conexão com outros tipos de meditação ou simplesmente com a prática da quietude.

No que diz respeito aos métodos que conduzem a uma maior consciência do corpo, eles já foram mencionados antes: refiro-me à "consciência sensorial", à "arte de mover-se" e ao tai chi chuan.

O outro aspecto da meditação budista é "maior clareza e intensidade de consciência e apresentação de uma imagem da realidade cada vez mais expurgada de *quaisquer* falsificações".[26] O próprio Nyanaponika Mahathera menciona "um contato mais amigável com a inconsciência", e, na verdade, basta mais um passo adiante para sugerir que o *método psicanalítico*, cujo objetivo é a compreensão dos aspectos inconscientes da mente, possa ser um acréscimo importante à meditação budista. Nyanaponika, a quem estou profundamente grato pelas suas explicações profundas e pacientes sobre a meditação e a doutrina budistas, concordou que tal investigação psicanalítica pode muito bem ser considerada um acréscimo à meditação budista tradicional. Mas mais uma vez quero enfatizar que, na minha opinião, o método psicanalítico como meio para atingir a consciência ideal é um método por si só, e que é válido, sem qualquer conexão com o método budista ou qualquer outro método de meditação.

---

26 *Ibid.*, p. 26.

Parte 4

11. Psicanálise e autoconsciência

Neste ponto, fazemos novamente a conexão com a discussão anterior sobre a ciência de si, já que a psicanálise também pode ter uma função "transterapêutica", sendo um dos métodos mais adequados para aumentar a autoconsciência e, portanto, a libertação interior.

Essa suposição não é compartilhada por todo mundo. Provavelmente, a maioria dos leigos e profissionais define a essência da psicanálise como uma cura para a neurose por meio da tomada de consciência de memórias sexuais reprimidas e dos *afetos* relacionados a elas. Nessa definição, o conceito de ficar ciente é muito restrito em comparação com o apresentado anteriormente no texto; ele se refere essencialmente a tornar-se ciente das forças libidinais reprimidas, e seu objetivo também se restringe ao terapêutico no sentido convencional, ou seja, ajudar o paciente a reduzir seu "sofrimento extra" individual ao nível geral de sofrimento socialmente aceito.

Acredito que esse conceito restrito de psicanálise não faça justiça à profundidade e ao escopo reais das descobertas de Freud. O próprio Freud pode ser citado como testemunha da verdade dessa afirmação. Quando, nos anos 1920, ele mudou sua teoria do papel crucial do conflito entre a libido e o ego para o papel crucial do conflito entre dois instintos biologicamente enraizados, o instinto de vida e o instinto de morte, ele de fato abandonou a teoria da libido, embora tenha tentado conciliar a teoria antiga e a nova.[27] Além disso, quando Freud definiu o que considerava ser a essência da teoria psicanalítica, ele mencionou a repressão, a resistência e a transferência, mas não a teoria da libido e nem mesmo o "complexo de Édipo".

Para avaliar o fato de que o que *parece* ser o conceito nuclear da psicanálise – a teoria da libido – pode não ser, na realidade, a descoberta mais importante de Freud e nem mesmo a mais correta, devemos considerar um fenômeno mais geral. Todo pensador criativo só pode pensar em termos dos padrões e categorias de pensamento de sua cultura. Muitas vezes, seu pensamento mais original não é "pensável" e, portanto, ele precisa formular seu pensamento distorcendo (ou restringindo) suas descobertas para que elas sejam pensáveis. A ideia original deve ser expressa inicialmente em formas errôneas, até que o desenvolvimento do pensamento, com base no desenvolvimento da sociedade, permita que as formulações mais antigas sejam limpas de seus erros presos ao tempo e assumam um significado ainda maior do que o próprio autor possa ter acreditado.

Freud, profundamente imbuído da filosofia do materialismo burguês, achava impensável supor que uma força psíquica deveria motivar

---

[27] A mudança da teoria antiga para a nova e a tentativa não muito bem-sucedida de Freud de reconciliá-las são discutidas em detalhes no Apêndice de E. Fromm, **A anatomia da destrutividade humana** (Rio de Janeiro: Guanabara, 1987).

o homem, a menos que fosse identificável como sendo simultaneamente uma força fisiológica; a energia sexual era a única força que combinava ambas as qualidades.

A teoria de Freud sobre o conflito entre a libido e o ego como o conflito central no homem foi, portanto, uma suposição necessária, que lhe permitiu expressar sua descoberta fundamental em termos "pensáveis". Livre dos grilhões da teoria da libido, a essência da psicanálise pode ser definida como a descoberta da significância das *tendências conflitantes no homem*, do poder da "resistência" de lutar contra a consciência desses conflitos, das racionalizações que fazem parecer que não há conflito, do efeito libertador de tomar ciência do conflito e do papel patogênico de conflitos não resolvidos.

Freud não apenas descobriu esses princípios gerais, mas foi o primeiro a elaborar métodos concretos de como estudar o reprimido: em sonhos, em sintomas e no comportamento da vida cotidiana. Os conflitos entre impulsos sexuais, ego e superego formam apenas uma pequena parte dos conflitos que, na trágica falha de sua resolução, bem como em suas soluções produtivas, são centrais na existência de muitas pessoas.

A importância histórica de Freud não está na descoberta dos efeitos da repressão de pulsões sexuais. Essa foi uma tese ousada em sua época, mas fosse ela a maior contribuição de Freud, ele nunca teria tido a impactante influência que teve. Essa influência se deveu ao fato de que ele destruiu a visão convencional de que o pensamento e o ser do homem são idênticos, de ele ter desmascarado a hipocrisia; de que sua teoria era crítica, na medida em que questionou todos os pensamentos, intenções e virtudes conscientes e demonstrou que muitas vezes eles não passam de formas de resistência para esconder a realidade interior.

Se interpretarmos as teorias de Freud no sentido que acabei de delinear, não é difícil prosseguir e concluir que a função da psicanálise transcende a função terapêutica mais restrita e que ela pode ser um método para alcançar a liberação interior ao se tomar ciência dos conflitos reprimidos.

***

Antes de entrar em uma discussão sobre a função transterapêutica da psicanálise, considero necessário expressar algumas advertências e apontar alguns perigos da psicanálise. Apesar da pressa generalizada em ser psicanalisado quando se enfrenta dificuldades na vida, há várias razões para *não* tentar a psicanálise, pelo menos não como um pronto-socorro.

A primeira razão é que ela é uma saída fácil da necessidade de tentar resolver a dificuldade por conta própria. Junto com os ideais de suavidade, de ausência de dor e esforço discutidos anteriormente, há também uma crença generalizada de que a vida não deve oferecer conflitos, escolhas angustiantes e decisões dolorosas. Essas situações são consideradas mais ou menos anormais ou patológicas, e são uma parte necessária da vida comum. Tem lógica: as máquinas não têm conflitos; portanto, por que os autômatos vivos deveriam tê-los, a menos que haja um defeito em sua construção ou em seu funcionamento?

Há algo mais ingênuo que isso? Apenas o tipo de vida mais superficial e alienado pode não exigir decisões conscientes, embora gere muitos sintomas neuróticos e psicossomáticos, a exemplo de úlceras ou hipertensão, como manifestação de conflitos inconscientes. Se uma pessoa não perdeu totalmente a capacidade de *sentir*, se não se tornou um robô, dificilmente poderá evitar enfrentar decisões dolorosas.

Esse é o caso, por exemplo, do processo de libertação de um filho de seus pais, que pode ser muito doloroso se ele sentir a mágoa que inflige a eles com a separação. Mas ele seria ingênuo se acreditasse que o fato de essa decisão ser dolorosa e difícil é uma indicação de que ela é neurótica e, portanto, que ele precisa de análise.

Outro exemplo é o divórcio. A decisão de se divorciar da esposa (ou do marido) é uma das mais dolorosas de se tomar, mas pode ser necessária para pôr fim a um conflito contínuo e a um grave obstáculo ao próprio desenvolvimento. Nessa situação, milhares de pessoas acreditam que precisam de terapia porque devem ter um "complexo", algo que torna tão difícil a decisão. Pelo menos, é isso que elas pensam conscientemente. Na realidade, muitas vezes elas têm outros motivos; na maioria das vezes, tudo o que querem é adiar a decisão, racionalizando que primeiro precisam descobrir, por meio da análise, todas as suas motivações inconscientes. Muitos casais concordam que ambos devem ir a um analista antes de tomar a decisão. O fato de a análise poder durar dois, três ou quatro anos não os incomoda. Pelo contrário, quanto mais tempo durar, mais eles estarão protegidos de tomar a decisão. Mas além dessa procrastinação da decisão, com a ajuda da análise, muitas dessas pessoas têm outras esperanças, consciente ou inconscientemente. Algumas esperam que o analista acabe tomando a decisão por elas ou as aconselhe sobre o que fazer, diretamente ou por meio de "interpretação". Mesmo que isso não funcione, elas têm uma segunda expectativa: que a psicanálise resulte em uma clareza interior tal que elas sejam capazes de decidir sem dificuldade e sem dor. Quando ambas as expectativas não se concretizam, elas podem, no entanto, obter uma vantagem duvidosa: ficam tão cansadas de falar sobre o divórcio que decidem, sem pensar muito mais, se divorciar ou ficar juntas. Neste último caso, elas têm pelo menos um tópico para conversar que interessa a ambas: seus próprios sentimentos, medos, sonhos etc. Em outras palavras, a análise deu alguma substância à comunicação delas, embora seja principalmente uma *conversa sobre* sentimentos, em vez de um sentimento conflitante em relação um ao outro.

Aos exemplos dados até agora, muitos outros poderiam ser acrescentados: um homem que decide abandonar um emprego bem remunerado por outro mais interessante e menos lucrativo, a escolha de um funcionário público de pedir exoneração ou agir contra sua consciência, uma pessoa que participa de um movimento de protesto político e corre o risco de perder o emprego ou ser colocada em uma lista proibida, a decisão de um padre de deixar sua consciência falar a verdade e correr o risco de ser expulso de sua ordem e perder toda a segurança material e psíquica que pertencer a ela proporciona.

Parece que as pessoas recorrem muito mais raramente a um psicanalista para obter ajuda no conflito entre as exigências da consciência e as do interesse próprio do que em relação a conflitos familiares e pessoais, conforme descrito nos exemplos anteriores. Pode-se suspeitar que esses conflitos familiares e pessoais são colocados em primeiro plano para encobrir conflitos muito mais fundamentais, graves e dolorosos entre consciência, integridade, autenticidade e interesse próprio. No geral, esses últimos conflitos nem sequer são enxergados dessa forma, sendo rapidamente descartados como impulsos irracionais, românticos e "infantis" que não precisam e não devem ser levados adiante. No entanto, esses são os conflitos cruciais da vida de todos, muito mais cruciais do que divórcio ou não divórcio – que, na maioria das vezes, é apenas a substituição de um modelo mais antigo por um mais novo.

Outra razão para não tentar a psicanálise é o perigo de se estar buscando – e encontrando – no psicanalista uma nova figura paterna da qual se tornar dependente, bloqueando assim o próprio desenvolvimento.

O psicanalista clássico dirá que o oposto é verdadeiro: que o paciente descobre a dependência inconsciente de um pai na transferência para o analista e, ao analisar esse processo, dissolve a transferência, bem como o apego original a um pai. Isso é verdade na teoria, e, na prática, às vezes acontece. Mas muitas vezes ocorre algo bem diferente. O analisando pode, de fato, ter cortado o vínculo com o pai, mas, sob o disfarce dessa independência, constrói um novo vínculo, dessa vez com o analista. Ele se torna a autoridade, o conselheiro, o professor sábio, o amigo gentil – a figura central na vida da pessoa. O fato de isso acontecer com tanta frequência tem, entre outras, sua razão em uma falha da teoria freudiana clássica: a suposição básica de Freud era que todos os fenômenos "irracionais", como a necessidade de uma autoridade forte, a ambição desordenada, a avareza, o sadismo e o masoquismo, estavam enraizados nas condições da primeira infância; estas eram a chave para a compreensão do desenvolvimento posterior (embora teoricamente ele reconhecesse que fatores constitucionais tivessem alguma influência). Assim, a necessidade de uma autoridade forte foi explicada como estando enraizada no desamparo factual da criança; e quando o mesmo apego apareceu no relacionamento com o analista, foi explicado como "transferência", ou seja, como transferido de um objeto (o pai) para outro (o analista). Essa transferência ocorre e é um fenômeno psíquico importante.

Mas essa explicação é muito limitada. Não apenas a criança é impotente, como o adulto também o é. Essa impotência está enraizada nas próprias condições de existência do indivíduo, na "situação humana". Ciente dos muitos perigos que o ameaçam, da morte, da insegurança do futuro, das limitações de seu conhecimento, o indivíduo não tem como deixar de se sentir impotente. Essa impotência existencial do indivíduo foi muito aumentada por sua impotência *histórica*, que existiu em todas as sociedades nas quais uma elite estabeleceu a exploração da maioria, tornando-a muito mais impotente do que seria em um estado de democracia natural, como o que existia nas formas mais primitivas das sociedades humanas, ou como poderia ser em formas futuras baseadas na solidariedade, e não no antagonismo.[28]

Assim, por razões tanto existenciais quanto históricas, as pessoas procuram se apegar a "ajudantes mágicos" de várias formas: xamãs, sacerdotes, reis, líderes políticos, pais, professores, psicanalistas, bem como a muitas instituições, como a Igreja e o Estado. Aqueles que exploraram o homem geralmente se ofereceram – sendo prontamente aceitos – como tais figuras paternas. Preferia-se obedecer a pessoas que, supostamente, tinham boas intenções, a admitir para si que se obedecia por medo e impotência.

A descoberta do fenômeno da transferência por Freud teve implicações muito mais amplas do que ele próprio, dentro do quadro de referência de pensamento de sua época, poderia enxergar. Ao descobrir a transferência, ele descobriu um caso especial de *um* dos mais poderosos anseios do homem, o da idolatria (alienação). Trata-se de uma pulsão enraizada na ambiguidade da existência do ser humano e que tem o objetivo de encontrar uma resposta para a incerteza da vida, transformando uma pessoa, uma instituição ou uma ideia em algo absoluto – ou seja, em um ídolo – por meio da submissão ao qual a ilusão de certeza é criada. É muito difícil superestimar o significado psicológico e social da idolatria no curso da história, dessa grande ilusão que impede a atividade e a independência.

A clientela dos psicanalistas é, em grande parte, formada por membros liberais das classes média e média-alta, para os quais a religião deixou de desempenhar um papel eficaz e que não têm convicções políticas apaixonadas. Para eles, nenhum deus, imperador, papa, rabino ou líder político carismático preenche o vazio. O psicanalista se torna uma mistura de guru, cientista, pai, padre ou rabino; ele não exige tarefas

---

28 Cf. a discussão deste tópico no meu livro *A anatomia da destrutividade humana*.

difíceis, é amigável, dissolve todos os problemas reais da vida – sociais, econômicos, políticos, religiosos, morais, filosóficos – em problemas psicológicos. Assim, ele os reduz ao *status* de racionalizações de desejos incestuosos, impulsos patricidas ou fixação anal. O mundo se torna simples, contável, gerenciável e confortável quando é reduzido a esse minicosmos burguês.

***

Outro perigo da psicanálise convencional reside no fato de que, muitas vezes, o paciente apenas finge querer mudar. Se ele sofre de sintomas incômodos, como dificuldades para dormir, impotência, medo de autoridades, infelicidade em relação ao sexo oposto ou uma sensação geral de mal-estar, é claro que ele quer se livrar de seus sintomas. Quem não iria querer? Mas ele não está disposto a vivenciar a dor e a angústia inseparáveis do processo de crescer e se tornar independente. Como ele resolve o dilema? Ele espera que, se apenas seguir a "regra básica" – dizer sem censura o que vier à mente –, será curado sem dor ou mesmo esforço; resumindo, ele acredita na "salvação pela fala". Mas isso não existe. Sem esforço e disposição para sentir dor e ansiedade, ninguém cresce; na verdade, ninguém alcança nada que valha a pena.

Outro perigo da análise convencional é um bastante inesperado: a "cerebralização" da experiência afetiva. A intenção de Freud era claramente o oposto: ele queria atravessar os processos convencionais de pensamento consciente e chegar à experiência, aos sentimentos e visões brutos, não racionalizados e ilógicos, por trás da superfície lisa dos pensamentos cotidianos. De fato, ele os encontrou no estado hipnótico, no sonho, na linguagem dos sintomas e em muitos pequenos detalhes de comportamento geralmente não observados. Mas, na prática da psicanálise, o objetivo original se desvaneceu e se tornou uma ideologia. Cada vez mais, a psicanálise se transformou em uma espécie de pesquisa histórica sobre o desenvolvimento de um indivíduo, sobrecarregada de explicações e construções teóricas.

O analista tinha várias suposições teóricas e usava as associações do paciente como provas documentais da correção de suas teorias. Nisso tinha boa-fé, porque estava convencido da verdade do dogma e acreditava que o material que o analisando oferecia devia ser profundo e genuíno exatamente porque se encaixava na teoria. O método tornou-se cada vez mais um método *de explicação*. Aqui está um exemplo típico: uma paciente sofre de obesidade causada por hábitos alimentares compulsivos. O analista interpreta sua compulsão e o consequente sobrepeso como tendo raízes em seu desejo inconsciente de engolir o sêmen do pai e engravidar por meio dele. O fato de ela não ter lembranças diretas de ter tido tais desejos e fantasias é explicado pela repressão desse doloroso material infantil; mas, com base na teoria, essa origem é "reconstruída", e o restante da análise consiste, em grande parte, na tentativa do analista de usar as associações e os sonhos posteriores da paciente para provar a exatidão da reconstrução. Supõe-se que, quando a paciente tiver "entendido" por completo o significado do sintoma, ela estará curada.

Basicamente, o método desse tipo de interpretação é curar pela explicação; a questão crucial é "*Por que* o sintoma neurótico apareceu?". Enquanto se pede ao paciente que continue fazendo associações, ele se envolve intelectualmente na pesquisa sobre a origem de seus sintomas. O que deveria ser um método experiencial se transformou – de fato, embora não em teoria – numa pesquisa intelectual. Mesmo que as premissas teóricas estivessem corretas, tal método não poderia levar a mudanças, exceto aquelas que são provocadas por qualquer método de sugestão. Se uma pessoa for analisada durante um tempo considerável e lhe for dito que este ou aquele fator é a causa de sua neurose, ela facilmente entrará em prontidão para acreditar que este é mesmo o caso e abandonará seu sintoma com base na fé de que a descoberta de tais raízes ocasionou a cura. Esse mecanismo é tão frequente que nenhum cientista aceitaria a cura de um sintoma como tendo sido causada por um determinado medicamento a menos que o paciente não saiba se recebeu o medicamento ou um placebo – e não apenas o paciente, mas também o médico, para se certificar de que ele próprio não é influenciado pelas suas próprias expectativas ("teste duplo-cego").

O perigo da intelectualização é ainda maior hoje, quando a alienação predominante da própria experiência afetiva leva a uma abordagem intelectual quase total de si mesmo e do resto do mundo.

Apesar dos perigos inerentes à prática convencional da psicanálise, devo confessar que, após mais de quarenta anos de prática psicanalítica, estou mais convencido do que nunca de que a psicanálise – adequadamente compreendida e praticada – tem um grande potencial como meio de ajudar as pessoas. Isso vale para a área tradicional da psicanálise, a cura das neuroses.

Mas não estamos preocupados aqui principalmente com a psicanálise como terapia para neuroses, mas com uma *nova* função de análise, que chamo de *análise transterapêutica*. Ela pode começar como uma análise terapêutica, mas não para quando os sintomas são curados, prosseguindo para novos objetivos que transcendem a terapia; ou pode começar com um objetivo transterapêutico, quando não há problemas psicopatológicos significativos a serem resolvidos. O decisivo é que seus objetivos vão além de restaurar a "normalidade" do paciente. Esse objetivo não estava na mente de Freud enquanto ele era terapeuta, embora não lhe seja tão estranho quanto se poderia supor. Embora seu objetivo para a terapia fosse o ajustamento ao funcionamento "normal" ("ser capaz de trabalhar e amar"), sua grande ambição não residia no campo da terapia, mas na criação de um movimento iluminista, baseado no último passo que o iluminismo poderia dar: tomar ciência das paixões irracionais e controlá-las. Essa ambição era tão forte que Freud frequentemente agia como um líder político que tinha que conquistar o mundo com seu "movimento", e não como um cientista.[29]

O objetivo transterapêutico é o da autolibertação do homem através da autoconsciência ideal; de chegar ao bem-estar, à independência; da capacidade de amar; e do pensamento crítico e desiludido, do ser, em vez do ter.

A psicanálise transterapêutica ("humanística") revisa algumas das teorias de Freud, particularmente a teoria da libido, como sendo uma base muito estreita para a compreensão do ser humano. Em vez de centrar-se na sexualidade e na família, ela afirma que as condições específicas da existência humana e a estrutura da sociedade são de importância mais fundamental do que a família, e que as paixões que motivam o indivíduo não são essencialmente instintivas, mas uma "segunda natureza" do ser humano, formada pela interação de condições existenciais e sociais.

No passado, por vezes usei o termo psicanálise "humanística" e depois o abandonei; em parte por ele ter sido assumido por um grupo de psicólogos cujas opiniões eu não partilhava, em parte porque queria evitar a impressão de que estava estabelecendo uma nova "escola" de psicanálise. No que diz respeito às escolas de psicanálise, a experiência tem mostrado que elas são prejudiciais ao desenvolvimento teórico

---

29 Cf. E. Fromm, *Sigmund Freud's Mission* (Nova York: Harper & Bros., 1959); e também as cartas de Freud a Jung, algumas vezes chocantes pela predominância de interesses políticos, em contraposição a interesses humanos: *The Freud/Jung Letter*, org. W. McGuire (Princeton: Princeton University Press, 1974).

da psicanálise e à competência de seus praticantes. Isso é óbvio no caso da escola de Freud. Creio que Freud tenha sido impedido de mudar as suas teorias porque tinha de manter unidos os seus adeptos via uma ideologia comum. Se ele tivesse mudado as posições teóricas básicas, teria privado os seus adeptos de dogmas unificadores. Além disso, a "escola" e a sua aprovação tiveram efeitos devastadores nos seus membros. Ser devidamente "ordenado" deu a muitos o apoio moral necessário para se sentirem competentes para a sua tarefa sem ter que fazer grandes esforços adicionais na aprendizagem. Pelo que observo, o que é verdade para a escola ortodoxa é verdade para todas as outras. Essas observações deram-me a convicção de que a formação de escolas psicanalíticas é indesejável, apenas levando ao dogmatismo e à incompetência.[30]

Também o procedimento técnico é diferente; mais ativo, direto e desafiador. O objetivo básico, no entanto, é o da psicanálise clássica: a descoberta das pulsões inconscientes, o reconhecimento da resistência, da transferência e da racionalização, e a interpretação dos sonhos como a "estrada real" para a compreensão do inconsciente.

Uma observação deve ser adicionada a essa descrição. Uma pessoa que busque um crescimento ideal também pode apresentar sintomas neuróticos e, portanto, necessitar de análise como terapia. Uma pessoa não completamente alienada, que permaneceu sensível e capaz de ter sentimentos, que não perdeu o sentido da dignidade, que ainda não está "à venda", que ainda pode sofrer por causa do sofrimento dos outros, que não adquiriu plenamente o modo de existência do ter – em resumo, uma pessoa que permaneceu uma pessoa, e não uma coisa – não pode deixar de se sentir solitária, impotente e isolada na sociedade atual.

---

30 Lido com essas visões teóricas em muitos dos meus escritos; a formulação mais concisa se encontra em E. Fromm, *A anatomia da destrutividade humana.*

Ela não pode deixar de duvidar de si mesma e de suas próprias convicções, para não mencionar sua sanidade. Ela não pode evitar o sofrimento, embora possa vivenciar momentos de alegria e clareza que estão ausentes na vida de seus contemporâneos "normais". Não raro, sofrerá de uma neurose que resulta da situação de uma pessoa sã que vive numa sociedade insana, em vez da neurose mais convencional de uma pessoa doente que tenta se adaptar a uma sociedade doente. No processo de ir mais longe na sua análise, isto é, de crescer rumo a uma maior independência e produtividade, seus sintomas neuróticos vão se curar por conta própria. Em última análise, todas as formas de neuroses são indicações do fracasso na resolução do problema de viver adequadamente.

12. Autoanálise

Se a exploração do inconsciente deveria fazer parte da meditação, surge a questão de saber se uma pessoa pode analisar a si mesma como parte de sua prática de meditação. Não há dúvidas de que isso é muito difícil, e é preferível que ela seja introduzida na prática da autoanálise através do trabalho analítico com um analista competente.

A primeira questão a responder é que analista tem competência para esse tipo de análise transterapêutica. Se o próprio analista não tiver tido esse objetivo, dificilmente compreenderia o que o paciente deseja e necessita. Não que ele deva ter alcançado esse objetivo sozinho, mas ele deve estar a caminho de alcançá-lo. Dado ser relativamente pequeno o número de analistas que perseguem esse objetivo, não é fácil encontrar tal analista. Como na escolha de um analista por razões estritamente terapêuticas, uma regra deve ser observada aqui: deve-se investigar minuciosamente o psicanalista através de pessoas que o conheçam bem (pacientes e colegas) e não acreditar em grandes nomes ou escritórios impressionantes como recomendações; deve-se também ser cético em relação a relatos entusiásticos de pacientes que idolatraram seu analista; deve-se tentar formar uma impressão do analista em uma ou duas, ou mesmo nas dez primeiras sessões, e observá-lo tão cuidadosamente quanto ele deveria observar você. Trabalhar durante anos com um analista "errado" pode ser tão prejudicial quanto estar casado durante anos com a pessoa errada.

Quanto à "escola" de onde vem o analista, isso por si só diz pouco. Supõe-se que os psicanalistas "existencialistas" estejam mais preocupados com problemas de objetivos humanos – e alguns estão. Outros entendem pouco e simplesmente usam um jargão filosófico tirado de Husserl, Heidegger ou Sartre como artifício, sem realmente penetrar na profundidade da personalidade do paciente. Os junguianos têm a reputação de serem os mais preocupados com as necessidades espirituais e religiosas do paciente. Alguns deles o são, mas muitos, no seu entusiasmo por mitos e analogias, não conseguem penetrar nas profundezas da vida individual do paciente e no seu inconsciente *pessoal*.

Os "neofreudianos" não são necessariamente mais confiáveis que os demais. *Não* ser freudiano não é suficiente! De fato, alguns abordam a análise a partir de um ponto de vista relacionado ao aqui descrito; muitos outros têm uma abordagem bastante superficial, que carece de profundidade e pensamento crítico. Talvez a escola mais distante daquela que sugiro seja a dos freudianos ortodoxos, porque a teoria da libido e a ênfase unilateral na experiência da infância são um obstáculo no caminho. No entanto, apesar dessa doutrina, há provavelmente alguns cujas qualidades e filosofia pessoais os tornam guias aceitáveis para uma plena consciência da realidade interior. Em suma, acredito que a competência de um analista seja menos uma questão da escola a que pertence do que da sua personalidade, do seu caráter, da sua capacidade de pensamento crítico e da sua filosofia pessoal.

Intimamente relacionado à pessoa do analista está o *método* que ele utiliza. Em primeiro lugar, não acredito que uma análise destinada a ensinar a autoanálise deva durar muito. Em geral, duas horas por semana durante seis meses devem ser suficientes. Isso requer uma técnica especial: o analista não deve ser passivo; depois de ouvir o paciente por cinco a dez horas, ele deverá ter uma ideia da estrutura inconsciente do paciente e da intensidade de sua resistência. O analista deverá então ser capaz de confrontar o paciente com suas descobertas e analisar suas reações e, principalmente, sua resistência. Além disso, ele deve analisar desde o início os sonhos do paciente, utilizando-os para orientar seu próprio diagnóstico, e depois comunicar a interpretação deles (bem como a do restante) ao paciente.

No final desse período, o paciente deverá ter se tornado suficientemente familiarizado com seu próprio inconsciente e reduzido sua resistência ao ponto em que pode continuar a análise por si próprio, iniciando uma autoanálise diária que vai durar o resto da vida. Digo isso porque não há limite para o conhecimento de si mesmo, e, pela minha própria experiência com a autoanálise diária nos últimos quarenta anos, posso dizer que em nenhum momento até agora aconteceu que eu não tenha descoberto algo novo ou aprofundado um material já conhecido. No entanto, pode ser útil, especialmente no início da autoanálise, voltar a trabalhar com um analista caso se sinta um "bloqueio". Mas isso deve ser feito apenas como último recurso; caso contrário, será demasiado tentador renovar o vínculo.

Uma análise introdutória como preparação para a autoanálise é o procedimento mais desejável. É algo muito difícil, não apenas porque não há muitos psicanalistas cuja própria personalidade seja capacitada para esse trabalho, mas também porque a rotina da prática deles não é orientada para atender pacientes por seis meses e depois voltar a atendê-los apenas ocasionalmente, se voltarem. Esse tipo de trabalho exige não apenas um tipo especial de interesse, mas também uma agenda bastante flexível. Acredito que, se a autoanálise transterapêutica se tornasse mais difundida, vários psicanalistas se especializariam nesse tipo de trabalho ou, pelo menos, dedicariam metade de seu tempo a ele.

Mas e se a pessoa não encontrar um analista adequado ou, por uma série de razões, não conseguir ir ao local onde ele pratica ou não puder pagar por isso? Nesse caso, a autoanálise é possível?

A resposta a essa pergunta depende de vários fatores. Em primeiro lugar, depende da intensidade da vontade de alcançar a meta da libertação. E mesmo essa vontade, como tal, não pode ter eficácia a não ser pelo fato de que o cérebro humano tem uma tendência intrínseca à saúde e ao bem-estar, ou seja, para se chegar a todas as condições que promovem o crescimento e o desenvolvimento do indivíduo e da espécie humana.[31] É bem conhecida a existência dessa tendência de preservação da saúde no setor somático da vida, e tudo o que a medicina pode fazer é remover os obstáculos à eficácia dessas tendências e apoiá-las. De fato, a maioria das doenças se cura sozinha sem nenhum tipo de intervenção. Que o mesmo se aplica ao bem-estar mental é algo que está começando a ser reconhecido mais uma vez nos últimos tempos, embora já fosse bem conhecido em uma época mais antiga e menos técnico-intervencionista.

Os fatores desfavoráveis para a autoanálise são os estados de patologia grave, difíceis de lidar até mesmo em uma análise "regular" prolongada. Além disso, um fator extremamente importante reside em certas circunstâncias da vida de uma pessoa: se, por exemplo, a pessoa não precisar ganhar a vida porque vive de dinheiro herdado ou do dinheiro dos pais (ou da esposa ou do marido), ela tem uma chance menor do que aquela que é forçada a trabalhar e, *portanto*, pode ter menos condições de se

---

31 Sobre esse tema, ver minha discussão em *A anatomia da destrutividade humana*.

isolar. Alguém que vive em um grupo no qual todos sofrem do mesmo defeito estará propenso a aceitar os valores de seu grupo como normais. Outra condição negativa é o caso em que a pessoa ganha a vida de tal forma que suas qualidades neuróticas são um trunfo, e uma mudança interior pode colocar em risco seu sustento; pensamos, aqui, em um artista ou ator cujo narcisismo seja uma condição necessária para seu sucesso, ou em um burocrata que pode perder o emprego se deixar de ser submisso. Por fim, a condição cultural e espiritual de uma pessoa é de grande importância. O fato de ter algum contato com o pensamento político filosófico, religioso ou crítico, ou de nunca ter olhado além das visões culturalmente padronizadas de seu ambiente e classe social, faz enorme diferença, muitas vezes decisiva. E, por fim, a mera inteligência em si não parece ser um fator decisivo. Às vezes, o brilhantismo intelectual serve apenas aos propósitos da resistência.

13. Métodos de autoanálise

Seria necessário um livro inteiro para cobrir todo o assunto da autoanálise. Portanto, devo me limitar aqui a algumas sugestões simples.

Antes mesmo de começar, é preciso ter aprendido a ficar imóvel, a sentar-se relaxado e a se concentrar. Quando essas primeiras condições forem alcançadas – um mínimo delas, pelo menos –, pode-se proceder de diferentes maneiras que de modo algum excluem umas às outras.

(1) Pode-se tentar lembrar os pensamentos que estavam se intrometendo enquanto se tentava ficar imóvel e, então, "sentir o caminho até eles" com o objetivo de ver se eles têm alguma conexão e, tendo, qual seria. Ou pode-se proceder observando certos sintomas, como sentir-se cansado (apesar de ter dormido o suficiente), deprimido ou com raiva, e então "sentir" a reação e qual foi a experiência não consciente por trás do sentimento manifesto.

Intencionalmente, não digo "pensar", porque não se chega a uma resposta por meio do pensamento teórico; na melhor das hipóteses, chega-se a uma especulação teórica. O que quero dizer com "sentir" é um "saborear" imaginativo de vários sentimentos possíveis até que, se tivermos sucesso, uma determinada revelação apareça com clareza como sendo a raiz da experiência consciente de, digamos, cansaço. Um exemplo: a pessoa tenta imaginar instâncias anteriores de tal cansaço e se, mais tarde, tomou ciência da causa. Ela imagina várias possibilidades que podem estar na origem do cansaço, como uma tarefa difícil que tentou adiar em vez de enfrentar a dificuldade, um sentimento ambivalente em relação a um amigo ou a uma pessoa querida, uma crítica que pode ter ferido seu narcisismo a ponto de causar uma leve depressão, um encontro com uma pessoa por quem fingiu uma simpatia que não era genuína.

Um exemplo mais complexo é o seguinte: um homem se apaixonou por uma garota. De repente, depois de alguns meses, ele se sente cansado, deprimido, apático. Ele pode tentar encontrar todo tipo de explicação racional, por exemplo, que seu trabalho não está indo bem (o que de fato pode ser causado pelo mesmo fator que causa o cansaço) ou que ele está desapontado e triste com os acontecimentos políticos. Ou ele pode pegar um forte resfriado e, assim, encontrar uma resposta satisfatória. Mas, se ele for sensível a seus próprios sentimentos, poderá observar que recentemente tendeu a encontrar falhas da namorada em pequenas coisas, que teve um sonho em que ela tinha um rosto feio e o traía. Ou pode notar que, embora sempre estivesse muito ansioso para vê-la, agora encontrou motivos que tornam necessário adiar as visitas planejadas. Esses e muitos outros pequenos sinais podem indicar a ele que algo está errado em seu relacionamento com ela. Se ele se concentrar nesse sentimento, de repente pode perceber que a imagem que tem dela mudou; que, no primeiro florescimento de sua atração erótica e sexual por ela, ele não tinha notado certos traços negativos e que seu sorriso doce agora parece ser calculado e, de fato, frio.

Ele pode remontar essa mudança em seu discernimento a uma certa noite em que entrou em uma sala e a viu conversando com outras pessoas, *antes* que ela o visse. Naquele momento, ele se sentiu quase enjoado, mas descartou o sentimento como "neurótico" ou irracional, mas na manhã seguinte acordou com o sentimento de depressão do qual vem sofrendo já há várias semanas, agora. Ele tentou reprimir a nova percepção e suas dúvidas porque, no palco da vida consciente, o roteiro de amor e admiração ainda estava sendo encenado. O conflito se manifestou apenas na forma indireta de impasse, de apatia e depressão, porque ele não podia nem continuar seu "caso de amor" com um coração alegre e sincero, nem o interromper, pois tinha reprimido a consciência da mudança em seus sentimentos. Uma vez que seus olhos estejam abertos, ele pode recuperar seu senso de realidade, enxergar claramente o que sente e, com dor real – mas sem depressão –, terminar o relacionamento.

Eis outro exemplo de análise de um sintoma: um solteiro de quarenta e poucos anos sofre de um medo obsessivo, sempre que sai de casa, de não ter desligado o fogão elétrico, e que teria início um incêndio que destruiria toda a casa, especialmente sua valiosa biblioteca. Consequentemente, ele se sente compelido a retornar à casa sempre que sai – uma compulsão que obviamente atrapalha suas atividades normais.

O sintoma tem uma explicação simples. Há quase cinco anos, ele foi operado de um câncer; seu médico deixou escapar a observação de que tudo estava bem, exceto pela possibilidade de, nos próximos cinco anos, as células malignas se espalharem – "como um incêndio". O homem ficou tão assustado com essa possibilidade que reprimiu totalmente o pensamento de sua consciência e o substituiu pelo medo de que o fogo pudesse se espalhar em sua casa. Embora desconfortável, esse medo era muito menos atormentador do que o do retorno do câncer. Quando o conteúdo reprimido do medo se tornou consciente, a obsessão pelo fogo desapareceu sem reavivar o medo do câncer, ajudado em grande parte pela circunstância de que, a essa altura, já haviam se passado quase cinco anos desde a operação, e o perigo de outras complicações estava bastante reduzido.

Esse processo de "conscientização" geralmente traz consigo uma sensação de alívio e até mesmo de alegria, mesmo que o conteúdo em si não seja motivo de satisfação. Além disso, seja qual for o elemento recém-descoberto, ir atrás dele "sentindo" mais a fundo provavelmente levará a novas descobertas ou ramificações, no mesmo dia ou mais tarde. O essencial é não cair na armadilha de afirmar especulações teóricas complexas.

(2) Outra abordagem é aquela que corresponde ao método da associação livre. A pessoa deixa de lado o controle dos pensamentos, permite que estes cheguem e tenta examiná-los com o objetivo de descobrir conexões ocultas entre eles, pontos de resistência em que sente vontade de interromper o fluxo de pensamento – até que venham à tona certos elementos que até então não estavam em sua consciência.

(3) Outra abordagem ainda é a autobiográfica. Com isso, quero dizer especulações sobre a história da pessoa, começando com a primeira infância e terminando com o desenvolvimento futuro projetado. Tente obter uma imagem de eventos significativos, de seus primeiros medos, esperanças, decepções, eventos que diminuíram sua confiança e fé nas pessoas e em si mesmo.

Pergunte-se: de quem sou dependente? Quais são meus principais medos? Quem eu deveria ser ao nascer? Quais eram minhas metas e como elas mudaram? Quais foram as bifurcações da estrada em que escolhi a direção errada e segui o caminho errado? Que esforços fiz para corrigir o erro e voltar ao caminho certo? Quem sou eu agora e quem eu seria se sempre tivesse tomado as decisões certas e evitado erros cruciais? Quem eu queria ser há muito tempo, agora e no futuro? Qual é a imagem que tenho de mim mesmo? Qual é a imagem que desejo que os outros tenham de mim? Onde estão as discrepâncias entre as duas imagens, tanto entre elas mesmas quanto com o que sinto ser meu verdadeiro eu? Quem eu serei se continuar a viver como estou vivendo agora? Quais são as condições responsáveis pelos acontecimentos como eles ocorreram? Quais são as alternativas para o desenvolvimento futuro que estão abertas para mim agora? O que devo fazer para concretizar a possibilidade que escolhi?

Essa pesquisa autobiográfica não deve consistir em construções abstratas em termos de teorização psicanalítica, mas deve permanecer no nível empírico de "ver", sentir e imaginar, com pensamentos teóricos reduzidos ao mínimo.

(4) Intimamente relacionada à abordagem autobiográfica está aquela que tenta descobrir as discrepâncias que existem entre nossos objetivos conscientes na vida e aqueles dos quais não estamos cientes, mas que determinam nossa vida. Em muitas pessoas, há dois desses enredos: um consciente, "oficial", por assim dizer, que é a matéria de capa da trama secreta que domina nosso comportamento. A discrepância entre as tramas secretas e as conscientes é mostrada em muitos dos antigos dramas gregos, nos quais a "trama secreta" é atribuída ao "destino" (*moira*). *Moira* é a forma alienada da trama inconsciente do homem, que está dentro

dele e que determina sua vida. O drama de Édipo, por exemplo, mostra essa discrepância com toda a clareza: a trama secreta de Édipo é matar seu pai e casar-se com sua mãe; sua trama consciente e intencional de vida é evitar esse crime em todas as circunstâncias. No entanto, a trama secreta é mais forte; contra suas intenções e sem consciência do que está fazendo, ele vive de acordo com a trama secreta.

Em muitas pessoas, o grau de discrepância entre as tramas conscientes e inconscientes varia enormemente. Em uma extremidade do *continuum* estão aquelas pessoas para as quais não há nenhuma trama secreta, porque a pessoa cresceu tanto que se tornou inteiramente uma consigo mesma e não precisa reprimir nada. No outro extremo, pode não haver nenhuma trama secreta porque a pessoa se identificou com seu "eu maligno" a ponto de nem tentar fingir que existe um "eu melhor". Os primeiros são às vezes chamados de "justos", "despertos"; os últimos são pessoas gravemente doentes, para as quais vários rótulos diagnósticos poderiam ser usados, mas sem contribuir para a compreensão delas. A grande maioria das pessoas pode ser colocada em uma linha contínua entre os dois extremos, mas mesmo nesse grupo intermediário é possível fazer uma distinção importante: há aquelas cuja trama consciente é uma idealização do que elas estão realmente buscando, de modo que as duas tramas são semelhantes em essência. Em outras, a matéria de capa é o exato oposto da trama secreta; ela serve apenas para ocultá-la a fim de melhor segui-la.

É nos casos de contradições significativas entre as duas tramas que ocorrem conflitos graves, insegurança, dúvidas e desperdício de energia e, como resultado, surgem vários sintomas manifestos. Como poderia ser diferente, quando uma pessoa tem de usar constantemente uma grande quantidade de energia para evitar estar ciente da contradição interna, para deixar de ser atormentada por dúvidas profundas sobre sua identidade e para reprimir seu próprio senso obscuro de falta de genuinidade e integridade? Sua única alternativa é continuar em seu estado de mal-estar ou penetrar nas camadas profundamente reprimidas da experiência, e esse último processo acarreta necessariamente uma boa dose de ansiedade.

Aqui estão alguns exemplos de tramas secretas: lembro-me de um homem – que eu conhecia bem, mas que não analisei – que certa vez me contou o seguinte sonho:

> Eu me sentei diante de um caixão que servia de mesa. Uma refeição foi servida nele, e eu comi. Em seguida, mostraram-me um livro no qual muitos grandes homens haviam assinado seus nomes; vi os nomes de Moisés, Aristóteles, Platão, Kant, Spinoza, Marx e Freud. Pediram-me que assinasse meu nome por último; o livro, então, presumivelmente seria fechado para sempre.

O sonho era de um homem com uma ambição extraordinária; apesar de seu grande conhecimento e brilhantismo, ele tinha muita dificuldade para escrever um livro sozinho e com ideias que não tivesse tirado de outra pessoa. Tinha um caráter sádico, que era encoberto por ideias altruístas e radicais e gestos ocasionais de ajuda aos outros. Na primeira parte de seu sonho, vemos um desejo necrófago pouco velado: o almoço servido no caixão expressa, se traduzido em um texto claro e sem censura, o desejo de comer o corpo no caixão. (Essa é uma das manifestações frequentes do que Freud chamou de "trabalho do sonho", que traduz o inaceitável pensamento latente do sonho em um texto de sonho "manifesto" que soa inofensivo.) A segunda parte do sonho quase não é censurada. A ambição do sonhador é ter a fama dos maiores pensadores do mundo; seu egoísmo é expresso no fato de que ele deseja que, com ele, a história da filosofia seja encerrada; nenhum outro grande homem deve surgir do qual as gerações futuras possam se beneficiar. Essa trama secreta de comer os cadáveres de grandes homens – ou seja, alimentar-se dos mestres do passado e tornar-se, por meio dessa introjeção, um mestre – era desconhecida para essa pessoa e oculta para aqueles ao seu redor, a maioria dos quais a admirava por seu brilhantismo, bondade e ideias benevolentes.

O esboço de outra trama secreta: salvar a mãe do pai cruel e, por meio da admiração dela, tornar-se o maior homem do mundo. Ou outra: destruir todas as almas vivas para ser deixado em paz, livrando-se assim de seu sentimento de fraqueza e do medo dos outros. E outra: ligar-se a alguém rico e poderoso; conseguir seu favor e esperar por sua morte para herdar tudo o que ele possui – bens materiais, ideias e prestígio. Outra ainda: vivenciar o mundo como uma prisão feita de comida, sendo o objetivo da vida comer as paredes de sua prisão; comer se torna o objetivo da vida; comer significa libertação.

Poderíamos acrescentar muitas outras tramas, mas não um número ilimitado. Como todas as tramas secretas são respostas às necessidades básicas enraizadas na existência humana, há apenas um número limitado delas, porque o número de necessidades existenciais do homem é limitado.

Isso significa que, na realidade, somos traidores, mentirosos, sádicos etc., e apenas encobrimos isso e não agimos de forma ostensiva? De fato, esse *pode* ser o caso, se trair, mentir e torturar forem paixões dominantes dentro de nós mesmos, e não são poucas as pessoas que têm esse comportamento: tais pessoas terão um impulso muito débil para fazer tais descobertas.

Para muitas outras, no entanto, essas tendências reprimidas não são dominantes; quando se tornam conscientes, entram em conflito com as paixões opostas e têm uma boa chance de serem derrotadas na luta que se segue. *Tomar ciência é uma condição* que torna esse conflito mais agudo, mas não "dissolve" os anseios antes reprimidos simplesmente pelo fato de nos tornarmos conscientes deles.

(5) Uma quinta abordagem é deixar que os pensamentos e sentimentos centralizem-se em torno dos objetivos da vida, como superar a ganância, o ódio, as ilusões, os medos, a possessividade, o narcisismo, a destrutividade, o sadismo, o masoquismo, a desonestidade, a falta de autenticidade, a alienação, a indiferença, a necrofilia, a dominação patriarcal masculina ou a correspondente submissão feminina, e alcançar a independência, a capacidade de pensamento crítico, de doação e de amor. Essa abordagem consiste na tentativa de desvendar a presença inconsciente de qualquer um desses traços "ruins", a maneira como eles são racionalizados, como fazem parte de toda a estrutura de caráter da pessoa e as condições de seu desenvolvimento. O processo costuma ser muito doloroso e pode acarretar muita ansiedade. Ele exige que fiquemos cientes de nossa dependência, quando acreditamos que amamos e somos leais; que fiquemos cientes de nossa vaidade (narcisismo), quando acreditamos que somos apenas bondosos e prestativos; que fiquemos cientes de nosso sadismo, quando acreditamos que queremos fazer pelos outros apenas o que é bom para eles; que descubramos nossa destrutividade, quando acreditamos que é nosso senso de justiça que exige punição; que fiquemos cientes de nossa covardia, quando acreditamos que somos apenas prudentes e "realistas"; que fiquemos cientes de nossa arrogância, quando acreditamos que nos comportamos com uma humildade extraordinária; que fiquemos cientes de que temos medo da liberdade, quando pensamos que somos motivados apenas pelo desejo de não ferir ninguém; que fiquemos cientes de que somos insinceros,

quando pensávamos apenas que não queríamos ser rudes; que descubramos que somos traiçoeiros, quando acreditamos que estamos sendo particularmente objetivos. Em suma, como disse Goethe, somente se pudermos "nos imaginar como o autor de qualquer crime concebível", e se formos sinceros, poderemos ter certeza razoável de que deixamos cair a máscara e de que estamos a caminho de nos tornarmos cientes de quem somos.

No momento em que descobrimos os componentes narcisistas de nossa simpatia ou os elementos sádicos de nossa ajuda, o choque pode ser tão intenso que, por um momento ou um dia, nos sentimos uma criatura totalmente sem valor, sobre a qual nada de bom pode ser dito. Mas se a pessoa não se deixar deter por esse choque e continuar se analisando, pode descobrir que o choque é tão intenso – por causa das expectativas narcisistas de si mesma – que servirá como resistência a uma análise mais aprofundada e que os esforços negativos que descobriu não são, afinal, as únicas forças motrizes dentro de si mesma. Nos casos em que isso for verdade, a pessoa provavelmente seguirá sua resistência e parará de se analisar.

***

Dado que, como observei na discussão anterior sobre consciência, a capacidade de ver não é divisível, a autoanálise também deve se preocupar com tomar ciência da realidade de outras pessoas, bem como da vida social e política. De fato, o conhecimento dos outros geralmente precede o autoconhecimento. A criança, desde cedo, observa os adultos, já percebendo vagamente a realidade por trás da fachada, e toma ciência da pessoa por trás da persona. Enquanto adultos, muitas vezes observamos esforços inconscientes nos outros antes de aprendermos a observá-los em nós mesmos. Devemos estar cientes desses setores ocultos nos outros, porque o que se passa em nós não é apenas algo *intrapsíquico* que, portanto, pode ser entendido estudando-se apenas o que se passa dentro das quatro paredes de nossa pessoa, mas é *interpessoal*, ou seja, é uma rede de relações entre mim e os outros; posso nos ver plenamente apenas na medida em que me vejo em minhas relações com os outros e nas relações deles comigo.

Ver a si próprio sem ilusões não seria tão difícil para o indivíduo se ele não estivesse constantemente exposto a uma lavagem cerebral e privado da faculdade do pensamento crítico. É levado a pensar e sentir coisas que, não fosse por sugestões ininterruptas e métodos elaborados de condicionamento, *ele próprio* não sentiria nem pensaria. A menos que consiga enxergar o verdadeiro significado por trás das palavras ambíguas, a realidade por trás das ilusões, ele não consegue ter consciência de si mesmo como é, e só tem consciência de si mesmo como supostamente deveria ser.

O que posso saber sobre mim mesmo enquanto não souber que o eu que sei é, em grande parte, um produto sintético? Enquanto não souber que a maioria das pessoas – inclusive eu – mente sem saber, que "defesa" significa "guerra", e "dever", "submissão"; que "virtude" significa "obediência", e "pecado", "desobediência"; que a ideia de que os pais amam instintivamente seus filhos é um mito; que a fama raramente se baseia em qualidades humanas admiráveis e nem mesmo em realizações reais, com muita frequência; que a história é um registro distorcido porque é escrita pelos vencedores; que o excesso de modéstia não é necessariamente prova da falta de vaidade; que amar é o oposto do desejo e da cobiça; que todos tentam racionalizar as más intenções e ações e fazê-las parecer nobres e benéficas; que a busca pelo poder significa a perseguição da verdade, da justiça e do amor; que a sociedade industrial atual está centrada no princípio do egoísmo, do ter e do consumir, e não nos princípios do amor e do respeito pela vida, como ela prega. A menos que eu seja capaz de analisar os aspectos inconscientes da sociedade em que vivo, não posso saber quem *eu* sou, porque não sei qual parte de mim *não* é eu.

***

Nos parágrafos seguintes, quero fazer algumas observações gerais sobre o método de autoanálise.

É de extrema importância que, como a meditação e a concentração, isso seja feito regularmente, e não quando "estiver com vontade". Se alguém diz que não tem tempo para a autoanálise, está simplesmente dizendo que não a considera importante. Se não se tem tempo, pode-se arranjar tempo, e isso é tão obviamente uma questão da importância que se dá à autoanálise que é inútil explicar como se pode arranjar tempo. Gostaria de acrescentar que não pretendo sugerir que a autoanálise se torne um ritual que não permita nenhuma exceção. Há, é claro, ocasiões em que é praticamente impossível fazê-la, e isso deve ser levado em conta. De modo geral, o processo de autoanálise não deve ter o caráter de trabalho forçado, feito em um clima sombrio de dever, mas sim como algo necessário para atingir um determinado objetivo. Independentemente do resultado, o processo em si deve ser libertador e, portanto, alegre, mesmo que o sofrimento, a dor, a ansiedade e a decepção misturem-se a ele.

Para qualquer pessoa que não consiga sentir empatia pela paixão de escalar uma montanha, deve parecer que a subida é um mero trabalho árduo e desconfortável; e alguns pensam (também ouvi isso na interpretação psicanalítica da escalada de montanhas) que somente um masoquista poderia voluntariamente escolher passar por tal desconforto. Um montanhista não nega o esforço e a tensão, mas estes fazem parte de sua alegria e de modo algum ele gostaria de perdê-los. "Esforço" não é igual a "esforço"; "dor" não é igual a "dor". As dores do parto são diferentes das dores de uma doença. O que importa é todo o contexto em que o esforço é feito ou a dor é sofrida, o que lhe confere sua qualidade específica. Trata-se de um ponto um tanto difícil de entender porque, em nossa tradição ocidental, o dever e a virtude são considerados mestres exigentes; de fato, a melhor prova de que alguém age corretamente é que isso é desagradável, e a prova do contrário é que a pessoa gosta de fazer isso. A tradição oriental é totalmente diferente, e muito superior nesse aspecto.

Ela contorna a polaridade entre a disciplina rígida e dura e o "conforto" preguiçoso e desleixado. Visa a um estado de harmonia que é ao mesmo tempo estruturado, "disciplinado" (no sentido de autônomo), vivo, flexível e alegre.

Na autoanálise, assim como na análise *à deux*, há uma dificuldade da qual devemos estar cientes desde o início: a dos efeitos da verbalização.

Supondo que eu acorde de manhã e veja um céu azul e um sol brilhante, estou plenamente consciente da paisagem, ela me deixa feliz e mais vivo, mas a experiência é uma consciência do céu, da minha resposta a ele, e nenhuma palavra me vem à mente, como, por exemplo: "Está fazendo um lindo dia de sol". Quando essas palavras se formam e eu começo a *pensar* no cenário com elas, a experiência perde um pouco a intensidade. Quando, em vez disso, me vem à mente uma melodia que expressa alegria, ou uma pintura que expressa o mesmo estado de espírito, nada da experiência se perde.

O limite entre a consciência do sentimento e a expressão do sentimento em palavras é muito fluido. Existe a experiência completamente não verbalizada e, próxima a ela, a experiência na qual uma palavra aparece como um recipiente que "contém" o sentimento, mas, no entanto, não o contém, pois o sentimento está constantemente fluindo e transborda o recipiente. A palavra-recipiente é mais parecida com uma nota em uma partitura musical, que é um símbolo para um tom, mas não o tom em si. O sentimento pode estar ainda mais intimamente relacionado à palavra, mas, enquanto a palavra ainda for uma "palavra viva", ela terá causado pouco dano ao sentimento. Chega um ponto, porém, em que a palavra se separa do sentimento, ou seja, também da pessoa que fala, e nesse ponto a palavra perdeu sua realidade, exceto como uma combinação de sons.

Muitas pessoas vivenciam essa mudança. Elas estiveram cientes de uma experiência forte, bonita – ou assustadora. Um dia depois, quando querem se lembrar dela colocando-a em palavras, dizem uma frase que descreve com precisão o sentimento, mas a frase soa estranha para elas; é como se estivesse inteiramente em sua cabeça, como se não tivesse nenhuma conexão com o que sentiram quando aconteceu.[32] Quando isso acontece, deve-se perceber que algo deu errado e que se começou a fazer malabarismos com as palavras, em vez de se tomar consciência da realidade interior, e deve-se começar a analisar a resistência que nos leva a cerebralizar os sentimentos. Esses pensamentos sobre sentimentos devem ser tratados como quaisquer outros pensamentos interferentes.

A autoanálise deve ser feita por pelo menos trinta minutos todas as manhãs, se possível no mesmo horário e local, e a interferência externa deve ser evitada tanto quanto possível. Ela também pode ser feita durante uma caminhada, embora nas ruas de uma cidade grande haja

---

[32] Esse processo corresponde a um descrito na terminologia hegeliana como "exteriorização" (*Entäusserung*), na medida em que a palavra ainda esteja conectada ao sentimento, e depois à alienação (*Entfremdung*), quando a palavra se torna independente do sentimento.

muita agitação. Mas a autoanálise e, particularmente, os "exercícios" de respiração e de tomada de consciência podem ser feitos sempre que não estivermos ocupados com outra coisa. Há muitas ocasiões em que temos de esperar, ou em que não temos "nada para fazer", como no metrô ou no avião. Todas essas ocasiões devem ser usadas para uma ou outra forma de atenção plena, e não para começar a ler uma revista, conversar com alguém ou sonhar acordado. Depois que adquirimos o hábito de fazer isso, essas situações em que não temos "nada para fazer" se tornam muito bem-vindas porque são enriquecedoras e agradáveis.

É surpreendente que a autoanálise quase não tenha sido discutida na literatura psicanalítica; poderíamos esperar que a autoanálise de Freud, a qual ele mesmo relata em sua interpretação de sonhos, tivesse sugerido a outros que fizessem experimentos na mesma direção. Talvez, o fato de isso não ter acontecido possa ser explicado pela suposição de que a imagem de Freud se tornou tão idolatrada que era bastante natural que ele não pudesse ter sido analisado por mais ninguém, mas que tivesse de dever sua "iluminação", por assim dizer, apenas a si mesmo; que com os homens comuns isso é diferente. Eles não poderiam ficar sem um "criador", e o próprio Freud ou os sacerdotes que agiam em seu nome teriam de iluminá-los. Quaisquer que sejam as razões para essa falha em seguir o exemplo de Freud, apenas Karen Horney sugeriu a autoanálise como uma possibilidade real, pelo que sei.[33] No caso que descreve, ela lida principalmente com um problema neurótico agudo e sua solução. O ponto principal nesse contexto é sua recomendação calorosa da autoanálise, embora ela enxergasse com clareza as dificuldades.

A principal razão para o fato de a autoanálise ter sido tão negligenciada como uma possibilidade curativa provavelmente está nos conceitos burocráticos convencionais da maioria dos analistas sobre seu papel e o

---

33 K. Horney, *Self-Analysis* (Nova York: W. W. Norton and Comp., 1942).

do "paciente". Como na medicina em geral, o doente é transformado em "paciente", fomentando a crença de que ele precisa de um profissional para se curar.[34] Ele não deve se curar sozinho, pois isso de fato quebraria a sagrada diferença burocrática entre o curador profissional e o sofredor não profissional. Essa atitude burocrática também causa muito dano no processo de "análise regular", no qual o analista, se quiser sinceramente entender o "paciente", deve se tornar ele mesmo um paciente, o seu próprio paciente, e esquecer que ele deve ser o único "saudável", "normal" e "racional" entre os dois.

Talvez a razão mais importante para a impopularidade da autoanálise seja a ideia de ela ser muito difícil. Em uma análise *à deux*, o analista pode chamar a atenção do outro para suas racionalizações, resistências e narcisismo. Na autoanálise, corre-se o risco de andar em círculos e ceder às próprias resistências e racionalizações sem estar ciente de que é isso que se está fazendo. De fato, não se pode negar que a autoanálise é difícil – mas o mesmo acontece com todos os outros caminhos para o bem-estar. Ninguém formulou essa dificuldade de forma mais sucinta do que Spinoza, no final de sua *Ética* (Livro 5, proposição 42): "Se o caminho que, como mostrei, leva até aqui parece muito difícil, ele pode, no entanto, ser encontrado. De fato, deve ser difícil, uma vez que é tão raramente descoberto, pois se a salvação estivesse à mão e pudesse ser descoberta sem grande esforço, como seria possível que fosse negligenciada por quase todo mundo? Mas todas as coisas nobres são tão difíceis quanto raras".[35]

A dificuldade poderia ser desanimadora se a questão fosse atingir ou não a meta final. Mas se, como dissemos antes, a pessoa não estiver

---

34 Cf. a crítica de Ivan Illich a essa situação em *Medical Nemesis: The Expropriation of Health* (Nova York: Pantheon, 1976).

35 Citado por E. Fromm, em *Man for Himself. An Inquiry into the Psychology of Ethics* (Nova York: Rinehart and Co., 1947).

almejando a perfeição, se não estiver preocupada com o ponto do caminho ao qual se chega, mas com o ato de caminhar na direção certa, as dificuldades não parecerão tão formidáveis. Acima de tudo, a autoanálise resultará em um aumento tão grande da clareza interior e do bem-estar que a pessoa não vai querer perdê-la, apesar de todas as dificuldades.

***

Tendo recomendado a autoanálise como um método frutífero na busca da autolibertação, quero acrescentar que essa recomendação não implica que ela seja um passo necessário que todos devam dar. É um método que me agrada e que recomendei a outros que o utilizam com proveito. Há muitas outras pessoas que usarão outros métodos de concentração, quietude e consciência igualmente úteis. Um exemplo muito significativo foi Pablo Casals, que começava todos os dias tocando um dos concertos para violoncelo sem acompanhamento de Bach. Quem poderia duvidar que esse era o método ideal de autolibertação para ele?

No entanto, mesmo no que diz respeito ao método de autoanálise, temo que um mal-entendido possa ter se instalado entre o leitor e eu. O processo que descrevi pode ser mal interpretado como uma moralista investigação diária da consciência, algo que deveria ser a base para uma progressão moral constante e uma vida virtuosa. Se a crítica do leitor for a de que me oponho ao relativismo ético, à arbitrariedade da liberdade, ao valor supremo de cada um "fazer o que bem entende", independentemente de seu valor, devo me declarar culpado. Mas recuso tal alegação se a acusação for a de que estou ansiosamente preocupado com a busca direta do homem pela virtude e o horror do pecado, e que não aprecio o fato de que o próprio pecado é, muitas vezes, a própria base do progresso.

Para esclarecer esse ponto, é preciso ter em mente que a posição fundamental a partir da qual a autoanálise foi discutida é a concepção da vida como um processo, e não como uma sequência de estágios fixos. No pecado, a semente para um movimento ascendente é alcançada; na virtude, a semente da decadência pode estar contida. Como diz um princípio místico: "A descida é para o bem da subida"; pecar não é prejudicial, apenas o estagnar-se e o acomodar-se sobre o que foi alcançado.

Há ainda outro possível mal-entendido que eu gostaria de corrigir. Pode parecer que a autoanálise aumenta a tendência a se ocupar de si mesmo, ou seja, que ela é exatamente o oposto do objetivo de se livrar dos grilhões do ego. De fato, este pode ser um resultado, mas apenas em uma análise malsucedida. A autoanálise se torna uma espécie de ritual de limpeza não porque a pessoa esteja muito preocupada com o ego, mas porque quer se libertar do egoísmo analisando suas raízes. A autoanálise se torna uma prática diária que permite que a pessoa se preocupe minimamente consigo mesma no resto do dia. Por fim, ela se torna desnecessária, pois não há mais obstáculos ao ser pleno. Não posso escrever sobre esse estado, pois não o alcancei.

Ao final desta discussão sobre psicanálise, acredito que seja necessária mais uma observação, que se aplica a todo conhecimento psicológico. Se começarmos com o entendimento psicológico de uma pessoa, estaremos nos preocupando com sua *talidade*, *sua* plena individualidade. A menos que se tenha uma imagem de sua individualidade em todos os seus detalhes, não se pode começar a entender essa pessoa em particular. Se o interesse em uma pessoa passa dos níveis mais superficiais para os mais profundos, ele passa necessariamente do particular para o universal. Esse "universal" não é uma abstração, não é um universal limitado como a natureza instintiva do ser humano. É a própria essência da existência humana, a "condição humana", as necessidades que dela decorrem, as várias respostas a essas necessidades. É o conteúdo do inconsciente, comum a todos os homens por causa da identidade da condição existencial e não por causa de alguma herança racial, como acreditava Jung. A pessoa então vivencia a si mesma e a seus semelhantes como variações do tema "humano", e talvez o humano como uma variação do tema da vida. O que importa é o que todos os homens compartilham, não aquilo em que diferem. No processo de penetração total do inconsciente, descobrimos que diferimos consideravelmente nos aspectos quantitativos, mas somos iguais na qualidade de nossos esforços. A exploração profunda do inconsciente é uma forma de descobrir a humanidade em si mesmo e em todos os outros seres humanos; essa descoberta não é uma questão de pensamento teórico, mas de experiência afetiva.

No entanto, enfatizar o Um no homem não deve, de forma não dialética, levar à negação do fato de que o homem também é um indivíduo; que, de fato, cada pessoa é um indivíduo único, não idêntico a ninguém que já tenha nascido (talvez com exceção de gêmeos idênticos). Somente o pensamento paradoxal, tão presente na lógica oriental, permite a expressão da realidade plena: cada pessoa é um indivíduo único – a individualidade de cada pessoa é falsa e irreal. Uma pessoa é "isso e aquilo" e não é "nem isso nem aquilo". O fato paradoxal é que, quanto mais profundamente vivencio a minha individualidade única ou a de outra pessoa, mais claramente vejo em mim e nela a realidade do humano universal, livre de todas as qualidades individuais, "o humano zen-budista sem posição e sem título".

Essas considerações levam ao problema do valor e dos perigos do individualismo e, relacionado a isso, ao estudo psicológico do indivíduo. É muito evidente que, hoje em dia, a individualidade e o individualismo são altamente estimados e amplamente elogiados como valores e como metas pessoais e culturais. Mas o valor da individualidade é muito ambíguo. Por um lado, ela contém o elemento de libertação das estruturas autoritárias que impedem o desenvolvimento autônomo de uma pessoa. Se o autoconhecimento serve para que a pessoa tome ciência de seu *verdadeiro* eu – e o desenvolva, em vez de introjetar um eu "alheio", imposto pelas autoridades –, ele é de grande valor humano. De fato, o aspecto positivo do autoconhecimento e da psicologia é tão amplamente enfatizado que nem sequer é necessário acrescentar mais palavras a esse enaltecimento.

Mas é extremamente necessário dizer algo sobre o lado negativo do culto à individualidade e sua relação com a psicologia. Uma razão para esse culto é óbvia: quanto mais a individualidade desaparece de fato, mais ela é exaltada em palavras. A indústria, a televisão e os hábitos de consumo homenageiam a individualidade das pessoas que manipulam: há o nome do caixa do banco em seu guichê e as iniciais na bolsa de mão. Além disso, a individualidade das mercadorias é enfatizada: as supostas diferenças entre carros, cigarros e pasta de dente, que são essencialmente iguais (na mesma classe de preço), servem ao propósito de criar a ilusão de que o homem ou a mulher escolhem livremente coisas individuais. Há pouca consciência de que a individualidade é, na melhor das hipóteses, feita de diferenças insignificantes, pois em todas as suas características essenciais as mercadorias e os seres humanos perderam toda a individualidade.

A individualidade aparente é valorizada como uma posse preciosa. Mesmo que as pessoas não possuam capital, elas possuem sua individualidade. Embora não *sejam* indivíduos, elas *têm* muita individualidade e estão ansiosas e orgulhosas por cultivá-la. Como essa individualidade é composta de pequenas diferenças, elas dão às diferenças pequenas e triviais o aspecto de características importantes e significativas.

A psicologia contemporânea promoveu e satisfez esse interesse pela "individualidade". As pessoas pensam em seus "problemas", falam sobre todos os pequenos detalhes da história de sua infância, mas muitas vezes o que dizem é uma fofoca glorificada sobre si mesmas e sobre os outros, usando termos e conceitos psicológicos em vez da fofoca antiquada menos sofisticada.

Apoiando essa ilusão de *individualidade por meio de diferenças triviais*, a psicologia contemporânea tem uma função ainda mais importante; ao ensinar como as pessoas devem reagir sob a influência de diferentes estímulos, os psicólogos se tornam um instrumento importante para a manipulação dos outros e de si. O behaviorismo criou toda uma ciência que ensina a arte da manipulação. Muitas empresas impõem como condição para o emprego que seus possíveis funcionários se submetam a testes de personalidade. Muitos livros ensinam o indivíduo a se comportar, a fim de impressionar as pessoas com o valor de seu próprio pacote de personalidade ou com o valor da mercadoria que vendem. Por ser útil em todos esses aspectos, um ramo da psicologia contemporânea se tornou uma parte importante da sociedade moderna.

Embora esse tipo de psicologia seja útil economicamente e como ideologia produtora de ilusões, ela é prejudicial aos seres humanos, pois tende a aumentar sua alienação. Ela é fraudulenta quando finge se basear nas ideias de "autoconhecimento" tal como a tradição humanista, até Freud, o concebia.

O oposto da psicologia do ajuste é radical, porque vai até as raízes; é crítico, porque sabe que o pensamento consciente é, em sua maior parte, um tecido de ilusões e falsidades. É "salvífica", porque espera que o verdadeiro conhecimento de si mesmo e dos outros liberte o ser humano e conduza ao seu bem-estar. Para qualquer pessoa interessada na exploração psicológica, é necessário estar intensamente ciente do fato de que esses dois tipos de psicologia têm pouco mais em comum do que o nome, e que seguem objetivos contrários.

Parte 5

14. Sobre a cultura do ter

A vida tem duas dimensões. O indivíduo age, faz, produz, cria; em resumo, é ativo. Mas o indivíduo não está agindo em um vazio, não vive sem corpo e não está em um mundo imaterial: ele tem de lidar com *coisas*. Sua ação se refere a *objetos*, animados ou inanimados, que ele transforma ou cria.

A primeira "coisa" com que ele tem de lidar é seu próprio corpo; depois, tem de lidar com outras coisas: com a madeira para o fogo ou para o abrigo; com as frutas, os animais e os grãos para a alimentação; com o algodão e a lã para as roupas. À medida que a civilização se desenvolve, o reino de coisas com as quais o indivíduo tem de lidar aumenta em muitas vezes. Armas, casas, livros, máquinas, navios, carros e aviões passam a existir e ele tem de lidar com tudo isso.

Como o indivíduo lida com essas coisas? Ele as produz, as modifica, as usa para fazer outras coisas, as consome. As coisas em si não fazem nada, exceto quando o homem as constrói de tal forma que elas produzam coisas por si mesmas.

Em cada cultura, a proporção entre *coisas* e *atos* é diferente. Em contraste com a grande quantidade de coisas que cercam o homem moderno, uma tribo de coletores de alimentos e caçadores primitivos, por exemplo, lida com relativamente poucas coisas: algumas ferramentas, algumas redes e armas para caçar, quase nenhum tecido, algumas joias e panelas, mas nenhum abrigo fixo. Os alimentos tinham de ser consumidos rapidamente para não se estragarem.

Em relação ao número de *coisas* com as quais uma pessoa está envolvida (ou de que está simplesmente cercada), deve-se considerar o peso de suas *ações*. É claro que ela sente, vê e ouve, porque seu organismo é construído de tal forma que ela praticamente não tem outra escolha. Ela vê um animal que pode matar para comer, ouve um barulho que a avisa de um perigo; ouvir e ver servem a um propósito biológico, o da sobrevivência. Mas a pessoa não ouve apenas para sobreviver; ela também pode ouvir como uma "extravagância", biologicamente falando, sem nenhum propósito biológico específico, exceto o objetivo geral de aumentar a energia vital, o bem-estar e a vivacidade. Quando ela ouve dessa forma sem propósito, dizemos que ela *escuta*. Ela escuta o canto dos pássaros, o barulho das gotas de chuva, o timbre quente de uma voz humana, o ritmo emocionante de um tambor, a melodia de uma música, um concerto de Bach. A audição se torna transbiológica – humanizada, ativa, criativa, "livre" – em vez de uma resposta meramente biológica necessária.

O mesmo se dá com a visão. Quando vemos os belos ornamentos até mesmo do mais antigo vaso de barro, o movimento de animais e homens em uma pintura rupestre de trinta mil anos atrás, a luminosidade de um rosto amoroso, bem como o horror da destruição feita por uma mão humana, também mudamos nossas engrenagens internas do ato biologicamente necessário para o reino da liberdade; da existência "animal" para a "humana". O mesmo vale para nossos outros sentidos: paladar, toque, olfato. Se eu precisar comer porque meu corpo necessita de alimento, o sintoma comum dessa necessidade é a *fome*. Já se quisermos comer porque gostamos de comida saborosa, estaremos falando de *apetite*. Uma comida requintada é um produto do desenvolvimento cultural, assim como a música e a pintura. Com o olfato não é diferente. (Filogeneticamente, o olfato é o principal sentido de orientação para os animais, assim como a visão é para o ser humano.) O prazer de sentir cheiros agradáveis, como nos perfumes, é uma antiga descoberta humana; está no setor do luxo, e não no da necessidade biológica. Menos claramente discernível, mas sem dúvida presente, é a mesma diferença com relação ao toque. Talvez eu precise apenas lembrar o leitor sobre as pessoas que tocam os outros como tocam um pedaço de tecido para apreciar sua qualidade, em comparação com aquelas cujo toque é quente e carinhoso.

A diferença entre a necessidade biológica e o impulso instintivo (eles se complementam), por um lado, e o alegre exercício livre dos sentidos, por outro, pode ser reconhecida claramente no ato sexual, no qual todos os sentidos participam. O sexo pode ser a expressão inculta da necessidade biológica, ou seja, a excitação dirigida, presa e indiferenciada. E pode ser livre, alegre, ativa, um verdadeiro luxo que não serve a nenhum propósito biológico. A diferença a que me refiro aqui é aquela entre dois tipos de ação: a ação passiva e dirigida, e a ação ativa, produtiva e criativa. Mais adiante, essa diferença será discutida em mais detalhes.

Neste ponto, quero enfatizar que, embora a área das *coisas* seja imensamente menor para o caçador primitivo do que para o indivíduo cibernético, a área das *atividades humanas* não mostra essa discrepância.

De fato, há boas razões para supor que o ser humano primitivo *fez* mais e *foi* mais do que o humano industrial. Vamos dar uma breve olhada em sua situação.

Para começar, todo o trabalho físico era ele mesmo quem fazia. Ele não tinha escravos que trabalhavam para ele, as mulheres não eram uma classe explorada, ele não tinha máquinas e nem mesmo animais para trabalhar para ele. Ele dependia de si mesmo, e de ninguém além de si mesmo, no que dizia respeito ao trabalho físico. Mas, como diz a objeção padrão, isso se aplicava às suas atividades físicas; no que diz respeito a pensar, observar, imaginar, pintar, especular filosófica e religiosamente, o humano pré-histórico estava muito atrás do humano da era da máquina. Essa objeção parece válida porque somos influenciados pela ideia de que o aumento da escolaridade é compatível com o aumento da atividade intelectual e artística. Mas não é bem assim. Nossa educação não favorece o aumento do pensamento ou o desenvolvimento da imaginação ativa.[36]

A pessoa média de hoje pensa muito pouco por si mesma. Ela rememora os dados apresentados pelas escolas e pela mídia de massa; daquilo que ela sabe, praticamente nada é por sua própria observação ou pensamento. Seu uso das coisas também não exige muita reflexão ou habilidade. Um tipo de dispositivo não requer nenhuma habilidade ou esforço, como, por exemplo, o telefone. Outro tipo de dispositivo, o automóvel, requer algum aprendizado inicial e, depois de algum tempo, quando já se tornou rotina, apenas uma quantidade muito pequena de esforço ou habilidade pessoal é necessária. O ser humano moderno – inclusive os grupos educados – também não pensa muito sobre problemas religiosos, filosóficos ou até mesmo políticos. Normalmente, ele adota um ou outro dos muitos clichês que lhe são oferecidos por

---

36 Cf. a crítica radical ao sistema educacional por I. Illich, **Deschooling Society** (Nova York: Harper and Row, 1970).

livros ou palestrantes políticos ou religiosos, mas as conclusões não são obtidas como resultado de seu próprio pensamento ativo e penetrante. Ele escolhe o clichê que mais agrada ao seu próprio caráter e classe social.

O humano primitivo está em uma situação totalmente diferente. Ele tem muito pouca educação, no sentido moderno de passar um certo tempo em uma instituição educacional. Ele mesmo é forçado a observar e a aprender com suas observações. Ele observa o clima, o comportamento dos animais, o comportamento de outros seres humanos; sua vida depende da aquisição de certas habilidades e ele as adquire fazendo e agindo por conta própria, não em "vinte lições rápidas".

Sua vida é um processo constante de aprendizado. W. S. Laughlin apresentou um quadro sucinto da ampla gama de atividades mentais do caçador primitivo:

> Há ampla documentação, embora surpreendentemente poucos estudos sistemáticos, do postulado de que o homem primitivo é sofisticado em seu conhecimento do mundo natural. Essa sofisticação abrange todo o mundo zoológico macroscópico de mamíferos, marsupiais, répteis, pássaros, peixes, insetos e plantas. O conhecimento das marés, dos fenômenos meteorológicos em geral, da astronomia e de outros aspectos do mundo natural também é bem desenvolvido, com algumas variações entre os grupos no que se refere à sofisticação e à extensão de seu conhecimento e às áreas em que se concentraram. Citarei aqui apenas a relevância dessa sofisticação para o sistema de comportamento de caça e sua importância para a evolução do homem [...] o homem, o caçador, estava aprendendo o comportamento e a anatomia dos animais, inclusive a sua própria. Ele se domesticou primeiro e depois se voltou para outros animais e para as plantas. Nesse sentido, a caça foi a escola de aprendizado que tornou a espécie humana autodidata. (W. S. Laughlin, 1968)

Outro exemplo de avaliação distorcida da atividade mental do humano civilizado é a arte de ler e escrever. O humano contemporâneo acredita que dominar essa arte é um sinal inquestionável de progresso. Os maiores esforços são feitos para erradicar o analfabetismo, quase como se fosse um sinal de defeito mental; o progresso de uma nação é medido – além do número de automóveis – pela porcentagem das pessoas que sabem ler e escrever. Esses julgamentos de valor ignoram o fato de que os povos entre os quais a arte de ler e escrever é monopólio apenas de pequenos grupos de sacerdotes ou estudiosos (ou nem existe) têm memórias extraordinárias. O humano moderno acha difícil entender que toda uma literatura como os Vedas, os textos budistas, os livros do Antigo Testamento, a tradição oral judaica posterior foram transmitidos fielmente de geração a geração, por muitas centenas de anos, antes de serem escritos. Pelo contrário, observei que entre as pessoas – por exemplo, os camponeses mexicanos – que, mesmo que saibam ler e escrever, não o fazem com muita frequência, a memória é especialmente boa *porque* não anotam as coisas.

Todo mundo pode fazer uma observação semelhante consigo mesmo. Assim que se escreve algo, deixa-se de fazer o esforço que a memorização exige. A pessoa não precisa gravar, por assim dizer, os dados em seu cérebro, porque os armazenou em um instrumento auxiliar: pergaminho, papel ou fita. Ela sente que não precisa se lembrar, porque o conteúdo está depositado com segurança nas anotações que fez. Assim, a faculdade da memória sofre com a falta de prática. Atualmente, é possível observar como as pessoas querem evitar o pensamento ativo, mesmo em pequenas doses: por exemplo, quando uma vendedora em uma loja soma três números na máquina em vez de fazê-lo ela mesma.

O mesmo princípio de maior atividade do homem primitivo pode ser visto na arte. Os primitivos caçadores e coletores de alimentos, há cerca de trinta mil anos, pintaram cenas extraordinárias de animais e pessoas, algumas das quais chegaram até nós bem preservadas em cavernas do sul da França e do norte da Espanha. Essas belas pinturas são um deleite até mesmo para o humano moderno, familiarizado com a pintura dos grandes mestres dos últimos séculos. Mas mesmo que disséssemos que os pintores de cavernas eram gênios (os Da Vincis e Rembrandts da última Era Glacial), isso dificilmente pode ser dito sobre a ornamentação de cerâmica e ferramentas, que remonta aos tempos pré-históricos mais antigos. Tem-se dito com frequência que as pinturas rupestres, assim como esses ornamentos, tinham propósitos práticos e mágicos, como contribuir para o sucesso da caça, combater espíritos malignos e assim por diante. Mas, mesmo assim, quaisquer que tenham sido esses propósitos práticos, não era necessário que as coisas fossem tão bonitas. Além disso, a ornamentação da cerâmica não pode ter sido uma criação de tantos gênios. O fato de cada vilarejo ter seu próprio estilo de ornamentação – muitas vezes variando apenas ligeiramente – prova que essas pessoas tinham um interesse estético ativo.

Até agora, falei sobre as culturas mais "primitivas", os caçadores e coletores de alimentos primitivos, e o que sabemos e podemos supor sobre suas culturas, pelo menos desde o surgimento completo do *Homo sapiens sapiens* há cerca de quarenta mil a cinquenta mil anos. Eles produziam poucas coisas com as mãos, mas eram muito ativos na aplicação de suas próprias faculdades de pensar, observar, imaginar, pintar e esculpir. Se quiséssemos expressar a relação entre o "setor das coisas" e o "setor das ações" em termos quantitativos, poderíamos afirmar que, entre os povos mais primitivos, ela é de 1:100, enquanto a proporção para o humano moderno seria de 100:1.[37]

---

[37] Esses números são expressões meramente *simbólicas* da relação quantitativa entre os dois setores.

A história nos *oferece* muitas variações entre esses dois extremos. Um cidadão grego no período do florescimento da democracia grega certamente estava cercado por mais coisas do que o caçador, mas se preocupava ativamente com os assuntos do Estado, desenvolvia e usava sua razão em um grau extraordinário, e estava engajado, tanto artística quanto filosoficamente. O que mais precisamos saber sobre uma população além de que os dramas de Sófocles e Ésquilo formavam a educação artística do cidadão ateniense, e o que dizer sobre a passividade estética e emocional de um nova-iorquino contemporâneo, se pensarmos nas peças e nos filmes que o empolgam?

Diferente, mas em muitos aspectos semelhante, é a imagem que temos da vida de um artesão medieval. Seu trabalho era feito com interesse, com cuidado, não era entediante; a fabricação de uma mesa era um ato criativo no qual a mesa era fruto de seus esforços, experiência, habilidade e gosto. A maior parte do que tinha de ser feito ele mesmo tinha de fazer. Ele também participava ativamente de muitas atividades comuns, como cantar, dançar e ir à igreja. O camponês estava em situação muito pior do ponto de vista material: não era um homem livre, mas também não era exatamente um escravo. O trabalho no campo pode não ter dado muita satisfação (falo aqui especialmente do período anterior à deterioração considerável da posição do camponês, no século 16), mas ele participava e desfrutava de uma vida culturalmente rica baseada em sua cultura popular específica. Nem ele nem o artesão se alimentavam passivamente de ver os *outros* se esforçando, se divertindo ou sofrendo. O que quer que tenha preenchido suas vidas, era em grande parte resultado de suas próprias ações e experiências. Mesmo o artesão, econômica e socialmente muito superior ao camponês, não *tinha* muito, exceto sua casa e suas ferramentas, e ganhava apenas o suficiente para viver de acordo com o padrão de vida tradicional de sua classe social. Ele não queria ter ou consumir mais, porque seu objetivo não era a aquisição de riquezas, mas o uso produtivo de suas faculdades e o prazer de existir.

O humano contemporâneo, na sociedade cibernética, está cercado por tantas *coisas* quantas há estrelas no céu. Sem dúvida, ele produziu a maioria delas. Mas será que foi "ele"? O trabalhador em uma fábrica gigante não produz nada. Certamente ele participa da produção de um automóvel, de uma geladeira elétrica ou de uma pasta de dente, mas, dependendo do tipo de processo industrial, ele faz alguns movimentos estereotipados, coloca alguns parafusos, ou o motor, ou uma porta. Apenas o último trabalhador da linha de produção vê o produto acabado; os outros o veem nas ruas – eles adquirem e possuem um carro mais barato, e o carro caro eles apenas veem sendo dirigido por pessoas com melhores condições financeiras. Mas que um único trabalhador tenha produzido um carro, isso só pode ser dito em um sentido abstrato. Em primeiro lugar, as máquinas produziram o carro (e outras máquinas produziram as máquinas produtoras de carros); o trabalhador – não como um ser completo, mas como uma ferramenta viva – tem um papel na produção, na execução de tarefas que ainda não podem ser feitas por máquinas (ou que são muito caras).

O engenheiro e o *designer* podem alegar que *eles* produziram o carro, mas certamente isso não é verdade; eles podem ter contribuído com sua parte, mas não produziram o carro. A certa altura, o executivo, ou gerente, alegará que *ele* produziu o carro; ele acha que, por ter dirigido todo o processo, produziu o carro. Mas essa afirmação é ainda mais duvidosa que a do engenheiro. Não sabemos se o gerente era, como entidade física, realmente necessário para a produção do carro. Sua alegação pode ser tão questionável quanto a de um general que insiste em dizer que *ele* conquistou uma fortaleza ou venceu uma batalha quando, obviamente, seus soldados conquistaram a fortaleza e lutaram a batalha;

eles se moveram, atacaram, foram feridos ou mortos, enquanto o general fez os planos e cuidou de sua execução adequada. Às vezes, a batalha é vencida porque o general adversário é simplesmente mais incapaz do que o vencedor e, portanto, a vitória é conquistada pelas falhas do adversário. O problema aqui é o papel produtivo da função de direção e gerenciamento, que não vou abordar mais, exceto para dizer que, para o gerente, o carro foi transformado do aspecto físico do carro quando ele sai da linha de montagem em uma mercadoria; isso significa que o carro para ele não é primordialmente interessante por causa de seu valor de uso real, mas por causa de seu valor de uso fictício sugerido pela publicidade que confunde a mente do comprador em potencial com todos os tipos de dados irrelevantes – de garotas sensuais a carros de aparência "viril". O carro como mercadoria é, de certa forma, o produto do gerente, que ordena que o carro real seja fabricado com recursos que geram lucro e que podem lhe dar um apelo especial de vendas.

O humano moderno pode produzir efeitos no mundo material que são maiores do que os humanos anteriores jamais foram capazes de alcançar. Mas esses efeitos são completamente desproporcionais aos esforços físicos e intelectuais investidos neles. Dirigir um automóvel potente não requer força física nem habilidade ou inteligência especial. Pilotar um avião requer muita habilidade; lançar uma bomba de hidrogênio, relativamente pouca. Sem dúvida, há algumas atividades que ainda exigem habilidade e esforço consideráveis: as de artesãos, médicos, cientistas, artistas, trabalhadores altamente qualificados, pilotos, pescadores, horticultores e algumas outras ocupações ou profissões semelhantes. No entanto, há cada vez menos dessas atividades que exigem habilidade; a grande maioria das pessoas ganha a vida com trabalhos que exigem pouca inteligência, imaginação ou concentração de qualquer tipo. Os efeitos físicos (resultados) não são mais proporcionais ao esforço humano, e essa *separação entre esforço (e habilidade) e resultado* é uma das características mais significativas e patogênicas da sociedade moderna, pois tende a degradar o esforço e minimizar sua importância.

Devemos, então, chegar a uma primeira conclusão: em contraste com a visão geralmente aceita, o humano moderno é basicamente muito indefeso em relação ao seu mundo. Ele só parece poderoso porque domina a natureza em um grau extraordinário. Mas esse domínio é quase completamente alienado; não é o resultado de seus verdadeiros poderes humanos, mas da "megamáquina" que permite que ele alcance muito sem fazer muito ou ser muito.[38]

Assim, pode-se dizer que o humano moderno vive em uma relação simbiótica com o mundo das máquinas. Na medida em que faz parte delas, ele é – ou parece ser – poderoso. Sem elas, sozinho, usando seus próprios recursos, ele é tão impotente quanto uma criança pequena. É por isso que ele venera suas máquinas: elas lhe emprestam sua força, criam a ilusão de que ele é um gigante, quando sem elas ele é um aleijado. Quando o humano, em outras épocas, acreditava que seus ídolos lhe davam força, era pura ilusão, exceto pelo fato de que ele projetava sua força no ídolo e recebia parte dela de volta na adoração. Na adoração das máquinas, dá-se basicamente o mesmo. Sem dúvida, Baal e Astarte eram apenas o que o homem *pensava* que eram; os ídolos eram, como diz a crítica profética, nada mais do que pedaços de madeira ou pedra, e seu poder era exclusivamente o fato de o homem ter transferido seu próprio poder para eles e receber parte desse poder de volta. As máquinas, entretanto, não são meras peças de metal ineficazes; elas criam um mundo de coisas úteis. As pessoas *de fato* dependem delas. Mas, assim como no caso dos ídolos, foram elas quem as inventou, planejou e construiu;

---

38 Lewis Mumford cunhou o termo "megamáquina"; cf. seu ***The Myth of the Machine: Techniques and Human Development*** (Nova York: Harcourt, Brace and World, 1967).

assim como os ídolos, elas são um produto de sua imaginação, de sua imaginação técnica, que, junto com a ciência, foi capaz de criar coisas que são realisticamente muito eficazes, mas que se tornaram seu soberano.

De acordo com a lenda, Prometeu trouxe o fogo para o ser humano, a fim de libertá-lo do jugo da natureza. O ser humano, neste ponto de sua história, escravizou-se ao próprio fogo que deveria libertá-lo. O ser humano de hoje, usando a máscara de um gigante, tornou-se um ser fraco e indefeso, dependente das máquinas que *ele* fabricou e, portanto, dos líderes que garantem o funcionamento adequado da sociedade que produz as máquinas, dependente de um negócio que funcione bem, morrendo de medo de perder todos os adereços, de ser "uma pessoa sem posição e sem título", de simplesmente ser, de ser desafiado pela pergunta "Quem sou eu?".

Em resumo, o humano moderno *tem* e usa muitas coisas, mas ele é muito pouco. Seus sentimentos e processos de pensamento estão atrofiados como músculos não utilizados. Ele tem medo de qualquer mudança social crucial porque, para ele, qualquer perturbação no equilíbrio social significa caos ou morte – se não a morte física, a morte de sua identidade.

15. Sobre a filosofia do ter

Aquilo que alguém *tem* é sua *propriedade* e, como todo mundo "tem" seu corpo, pode-se argumentar que a propriedade está enraizada na própria existência física do homem. Mas, embora isso pareça ser um bom argumento para a universalidade da propriedade, dificilmente serve a esse propósito, porque não é correto: um escravo *não* é dono de seu corpo; ele pode ser usado, vendido, destruído, de acordo com a vontade e o capricho de seu proprietário. O escravo, nesse aspecto, difere até mesmo do mais explorado dos trabalhadores; estes últimos não possuem a energia de seu corpo porque são forçados a vendê-la ao proprietário do capital que compra sua força de trabalho. (Entretanto, como eles não têm escolha, sob as condições do capitalismo, é preciso admitir que até mesmo a propriedade de seu corpo é questionável.) O que significa possuir algo quando outra pessoa possui o direito de usar o que eu tenho?

Estamos aqui no meio de um problema muito discutido, sobre o qual ainda existe muita confusão: o da *propriedade*. Uma compreensão clara da propriedade foi bastante obscurecida por sentimentos apaixonados relativos às demandas revolucionárias pela abolição da propriedade privada. Muitas pessoas pensaram que sua propriedade pessoal – suas roupas, livros, móveis e assim por diante, até mesmo seus cônjuges – seria levada embora e "estatizada"[39] (é claro que os *swingers* de hoje começaram, de fato, a "socializar" suas esposas entre si, embora em outras áreas compartilhem opiniões politicamente conservadoras).

Marx e outros socialistas nunca propuseram nada tão tolo como a socialização da propriedade pessoal ou das coisas que uma pessoa usa; eles estavam se referindo à propriedade do capital, ou seja, os meios de produção que permitem que um proprietário produza mercadorias socialmente indesejáveis e imponha ao trabalhador suas condições porque "deu" a ele um emprego.

Como reação contra as demandas socialistas, os professores de economia política afirmaram que a propriedade era um direito "natural", inerente à natureza humana, e que existe desde que a sociedade humana passou a existir. Assistindo a vários cursos de história econômica, em 1918 e 1919, ouvi dois professores excepcionais (na época) falarem, com toda a seriedade, que o capital não era uma característica apenas do capitalismo, mas que até mesmo as tribos primitivas usavam conchas como meio de troca, provando assim que tinham capital – ou seja, que o capitalismo era tão antigo quanto a humanidade. O exemplo dos povos primitivos foi, na verdade, mal escolhido. Sabemos agora, ainda melhor, que os povos mais primitivos não tinham propriedade

---

39 Lembro ainda com vividez o meu choque com a fantástica reportagem no *Frankfurter Zeitung*, equivalente ao *The New York Times* em muitos aspectos, escrita em Munique em 1919, em que Gustav Landauer, um dos mais sofisticados humanistas da Alemanha, e à época ministro da Cultura da brevíssima República Soviética da Baviera, ordenou a estatização das mulheres!

privada, exceto nas coisas que atendiam às suas necessidades pessoais imediatas, como tecidos, joias, ferramentas, redes, armas e armamentos. De fato, a maioria das narrativas clássicas sobre a origem e a função da propriedade privada considerou como certo que na natureza todas as coisas eram mantidas em comum (as opiniões dos antropólogos que apresentei em *A anatomia da destrutividade humana*). Até mesmo os Pais da Igreja aceitaram indiretamente essa visão. De acordo com eles, a propriedade foi tanto a consequência quanto o remédio social para o pecado da cobiça que veio com a Queda do Homem; em outras palavras, a propriedade privada foi um resultado da Queda, assim como o foi a dominação masculina sobre as mulheres e o conflito entre o ser humano e a natureza.

É útil distinguir entre vários conceitos de propriedade que às vezes são confundidos. Primeiro, há a visão da propriedade como um direito absoluto sobre um objeto (vivo ou não vivo), independentemente de o proprietário ter feito algo para produzi-lo ou de tê-lo herdado, recebido como presente ou herança ou adquirido por roubo. Com exceção do último ponto, que exige certas qualificações tanto nas relações entre as nações quanto nas leis da sociedade civil, os grandes sistemas jurídicos de Roma e do Estado moderno falam de propriedade nesse sentido. A posse é sempre garantida pela lei nacional ou internacional, ou seja, em suas bases, pela violência que "impõe" a lei. Um segundo conceito, particularmente popular na filosofia do Iluminismo do século 18, enfatiza que o título de posse de alguma coisa depende do esforço que se fez para criá-la. Um exemplo clássico é a visão de John Locke de que, se alguém acrescenta seu trabalho a algo que, nesse momento, não é propriedade de ninguém (*res nullius*), ela se torna propriedade própria. Mas a ênfase de Locke no papel produtivo de uma pessoa ao estabelecer a propriedade, originalmente, perde a maior parte de seu significado por sua condição adicional de que o título de propriedade que uma pessoa estabeleceu poderia ser livremente transferido para outras pessoas que não trabalharam por ela. Aparentemente, Locke precisava dessa condição porque, caso contrário, ele teria se deparado com a dificuldade de que os trabalhadores poderiam reivindicar os produtos de seu trabalho como propriedade *deles*.[40]

Um terceiro conceito de propriedade, que transcende os conceitos essencialmente legais mencionados acima e se baseia no significado metafísico e espiritual da propriedade para o indivíduo, vem daqueles promulgados por Hegel e Marx. Para Hegel (em sua *Filosofia do direito*, seções 41 e 45), a propriedade era necessária porque "uma pessoa deve traduzir sua liberdade para uma esfera externa para que possa alcançar sua existência ideal", uma vez que a propriedade era "a primeira encarnação da liberdade e, portanto, é em si mesma um fim substantivo". Embora a declaração de Hegel possa parecer, em uma leitura superficial, nada mais do que uma racionalização do caráter sagrado da propriedade privada, ela é, de fato, muito mais do que isso, embora o espaço não permita uma exposição da filosofia de Hegel que é necessária para uma compreensão completa. Marx formulou o problema inteiramente *ad personam* e sem nenhuma mistificação filosófica. Como em Hegel, a propriedade era para ele uma externalização da vontade do homem. Porém, enquanto a propriedade criada não fosse delas, mas do proprietário dos meios de produção, enquanto as pessoas estivessem alienadas de seu próprio trabalho, a propriedade não poderia ser *delas*. Somente quando a sociedade estivesse organizada em um empreendimento comum, no qual o pleno desenvolvimento do indivíduo dependesse do pleno desenvolvimento de todos, "meu" ou "teu" seriam conceitos

---

40 Cf. Stanley I. Bern, verbete sobre "Propriedade"; em Paul Edwards (org.), *The Encyclopedia of Philosophy* (Nova York: Macmillan Company and The Free Press, 1967).

sem sentido. Em uma comunidade assim, o trabalho em si – ou seja, o trabalho não alienado[41] – se tornaria prazeroso, e a "posse", além dos objetos que se usassem, um absurdo. Todos receberiam não de acordo com a quantidade de trabalho que fizessem, mas de acordo com suas necessidades. (Necessidades aqui, é claro, entendidas como necessidades reais do ser humano, e não necessidades sintéticas e prejudiciais sugeridas a ele pela indústria.)

Uma distinção radicalmente diferente é aquela entre propriedade para uso (propriedade funcional) e propriedade para posse (não funcional), embora haja muita sobreposição entre esses dois tipos. Em alemão, a diferença entre os dois tipos de propriedades fica clara com o uso de duas palavras diferentes: *Besitz* e *Eigentum*. *Besitz* vem de *sitzen* e significa literalmente "aquilo sobre o qual alguém se senta"; refere-se àquilo que alguém controla, legal e factualmente, mas não está relacionado à própria ação produtiva. *Eigentum*, por outro lado, é diferente. Embora *aig* seja a raiz germânica de *haben* (ter), ela mudou seu significado no decorrer de muitos séculos, de modo que Mestre Eckhart pôde traduzi-la já no século 13 como o equivalente alemão da palavra latina para propriedade (*proprietas*). *Proper* corresponde a *eigen*; significa aquilo que é particular de uma pessoa (como em "nome próprio"). *Eigentum* = *proprietas* = propriedade; refere-se, então, a tudo o que é particular de uma pessoa como indivíduo específico: seu próprio corpo, as coisas que usa diariamente e às quais dá um pouco de sua individualidade por meio desse convívio diário, até mesmo suas ferramentas e moradia – tudo o que forma seu ambiente cotidiano.

---

41 Permanece contraditória a atitude de Marx frente ao trabalho não alienado; algumas vezes ele parece considerar o trabalho não alineado como a maior realização de uma vida, mas sua conclusão final é que o tempo livre e seu uso não alienado é a meta suprema da vida.

Talvez seja difícil para uma pessoa que vive na atual sociedade cibernética, na qual tudo se torna obsoleto em pouco tempo (e, mesmo que isso não aconteça, o produto acabará sendo trocado por algo mais novo), avaliar o caráter pessoal das coisas de uso diário. Ao usá-las, a pessoa transmite algo de sua vida e de sua personalidade a elas. Elas não são mais coisas sem vida, estéreis ou cambiáveis. O fato de isso ser verdade foi claramente demonstrado no costume de muitas culturas antigas (não apenas as primitivas) de colocar no túmulo de uma pessoa as *coisas* de sua propriedade pessoal e diária. O equivalente na sociedade moderna é o último desejo e o testamento de uma pessoa, que pode ter suas consequências por anos após sua morte. Mas seus objetos não são suas coisas pessoais, e, sim, precisamente a propriedade privada impessoal que possuía, como dinheiro, terras, direitos e assim por diante.

Podemos concluir, então, que a diferença mais fundamental é aquela entre propriedade *pessoal* e *privada*, que é essencialmente a mesma que existe entre propriedade *funcional* e *não funcional* (morta).

Essa diferença é, de longe, mais fundamental do que aquela entre propriedade privada e pública, uma vez que, como muitos exemplos demonstraram, a forma legal de uma propriedade pública, estatal ou socializada pode ser tão coercitiva e alienante quanto a propriedade privada, desde que seja administrada por burocratas que representam os interesses dos trabalhadores e empregados apenas no discurso, mas não de fato.

A propriedade funcional e a propriedade morta aparecem muitas vezes em sua forma pura, mas são frequentemente misturadas, como podemos ver com facilidade nos exemplos a seguir. O exemplo mais elementar é o corpo.

O corpo é a única propriedade que todo mundo tem; é, por assim dizer, uma "propriedade natural". Para o bebê, como Freud demonstrou de forma tão brilhante, os excrementos provavelmente são vivenciados como uma forma ainda mais extrema de posse. *Eles* são *dele*, o produto de seu corpo, ele se livra deles, mas não precisa temer demais essa perda porque ele todo dia repõe a perda do dia anterior. Mas o corpo, em contraste, não é *apenas* uma "posse"; é também um instrumento que usamos para satisfazer nossas necessidades e, além disso, muda de acordo com o uso que fazemos dele. Se não usarmos nossos músculos, eles ficarão mais fracos, mais flácidos, até o ponto extremo de se tornarem inutilizáveis. Ao contrário, nosso corpo se torna mais forte e saudável quanto mais é usado (claro que dentro de certos limites).

No caso de ter uma casa ou um pedaço de terra, a situação é diferente, porque lidamos aqui com uma categoria social e não com uma categoria natural, como é o caso do corpo. Pensemos em uma tribo nômade: eles não *possuíam* terras; viviam em um pedaço de terra por algum tempo, usavam-no, construíam suas tendas ou cabanas nele e, depois de algum tempo, o abandonavam. A terra não era propriedade privada, nem propriedade comum – não era propriedade alguma, mas um objeto de uso que era "deles" apenas no sentido muito restrito de ser usada por eles. O mesmo se aplica a ferramentas, como redes de pesca, lanças, machados e assim por diante; eram posses apenas na medida em que fossem usadas. O mesmo princípio existe em certas cooperativas agrícolas atuais, em que o indivíduo não é *proprietário* da terra, ou seja, não pode vendê-la e tem direito a ela somente enquanto e na medida em que a cultivar.

Em muitas culturas primitivas *sem propriedade privada*, o mesmo princípio se aplica ao relacionamento do homem com a mulher e à instituição do casamento. Um relacionamento é socialmente reconhecido como casamento enquanto o homem e a mulher se amarem, se desejarem e quiserem permanecer juntos. Quando o relacionamento perde essa função, cada um é livre para sair, porque ninguém tem a posse do outro.[42]

Em contraste, com relação à propriedade institucional, a lei afirma que minha casa ou minha terra, ou minhas ferramentas, minha esposa ou meus filhos, são minha propriedade; que eu os tenho e não importa se eu cuido deles. De fato, é meu direito destruir tudo o que é minha propriedade: posso queimar minha casa ou um quadro, mesmo que seja uma obra de arte única. Não devo prestar contas a ninguém pelo que faço com o que é meu. Esse direito legal é efetivo porque o Estado apoia minha reivindicação com seu poder.

No decorrer da história, sofreram alteração os conceitos de direitos de propriedade sobre esposas e filhos e as leis correspondentes. Hoje, matar a esposa é um crime punido como homicídio. Matar um filho também é considerado crime, mas as crueldades e brutalidades infinitas com que os pais agridem seus filhos estão dentro do exercício de sua autoridade legítima (ou seja, direitos de propriedade), a menos que cheguem a extremos que não possam ser ignorados. No entanto, no relacionamento de uma pessoa com esposa e filhos sempre houve elementos que transcendem a pura posse. Eles eram seres vivos, viviam em contato próximo com seu senhor, ele precisava deles e eles lhe davam prazer; portanto, havia também um elemento de propriedade funcional além da propriedade legal.

A propriedade na forma de capital é a forma extrema de posse/propriedade legais. Pode-se dizer que o capital não é diferente de uma ferramenta – por exemplo, um machado – que seu proprietário usa. Mas, no caso do machado, ele se torna valioso apenas por servir à habilidade

---

[42] Um exemplo é o casamento entre pigmeus africanos, os mbutis. Cf. C. Turnbull, *Wayward Servants: or The Two Worlds of the African Pygmies* (Londres: Eyre and Spottiswoode, 1965).

de seu proprietário, ou seja, como propriedade funcional. No caso do capital, o proprietário o *possui*, mesmo que não faça nada com ele. Ele continua valioso mesmo que não seja investido; mas, se o proprietário o investir, ele não precisará usar sua habilidade nem fazer nenhum esforço proporcional para obter lucro. O mesmo se aplica à forma mais antiga de capital: a terra. O direito legal que me torna proprietário permite que eu obtenha lucro com a terra sem fazer nenhum esforço, ou seja, sem fazer nenhum trabalho. É por esse motivo que a propriedade não funcional também pode ser chamada de propriedade morta.

A propriedade "morta", ou não funcional, tem sua legitimidade na conquista ou na lei. Mas a própria lei é respaldada pela força e, nesse sentido, a diferença entre a propriedade conquistada e a propriedade legal é apenas relativa. Além disso, no caso da posse legal, a *força constitui o direito*, porque o Estado garante meu direito de propriedade pela força, da qual o Estado tem o monopólio.

***

O ser humano não pode existir sem "ter", mas ele pode existir muito bem com o ter puramente funcional, e existiu assim nos primeiros quarenta mil anos de sua história, aproximadamente, desde que surgiu como *Homo sapiens*. De fato, como argumentarei mais adiante, ele *somente* pode existir de forma sadia se tiver principalmente propriedades funcionais e um mínimo de propriedades mortas. A propriedade funcional é uma necessidade existencial e real do humano; a propriedade institucional satisfaz uma necessidade patológica, condicionada por certas circunstâncias socioeconômicas. O humano precisa ter um corpo, abrigo, ferramentas, armas e recipientes. Essas coisas são necessárias para sua existência biológica; há outras coisas de que ele precisa para sua existência espiritual, como ornamentos e objetos de decoração – resumidamente, objetos artísticos e "sagrados", e os meios para produzi-los. Eles podem ser propriedade no sentido de que um indivíduo os usa exclusivamente, mas são propriedade funcional.

Com o aumento da civilização, a propriedade funcional das coisas aumenta. O indivíduo pode ter vários ternos ou vestidos, uma casa, dispositivos para facilitar o trabalho, aparelhos de rádio e televisão, toca-discos e gravações, livros, raquetes de tênis, um par de esquis... Todos esses bens não precisam ser diferentes dos bens funcionais que existem nas culturas primitivas. Não precisam ser, mas muitas vezes são. A mudança de função acontece no ponto em que a posse deixa de ser um instrumento para maior vivacidade e produtividade e se transforma em um meio de consumo passivo-receptivo. Quando o ter tem como função principal satisfazer uma necessidade de consumo cada vez maior, ele deixa de ser uma condição para ser mais, sendo basicamente indistinto de "manter a posse". Essa afirmação pode parecer estranha, pois "manter" e "gastar" são opostos. De fato, é assim, se olharmos apenas para a superfície. Mas, vistos dinamicamente, os termos compartilham uma qualidade fundamental: o avarento, assim como o esbanjador, é interiormente passivo e improdutivo. Nenhum deles está ativamente relacionado a nada ou a ninguém, nenhum deles muda e cresce no processo da vida; cada um deles representa apenas uma das duas formas diferentes de não vitalidade. Mostrar a distinção entre ter posse e ter uso precisa levar em conta o duplo significado de uso: uso passivo ("o consumidor") e uso produtivo (o artesão, o artista, o trabalhador qualificado). O ter funcional refere-se ao uso produtivo.

Além disso, o "ter possessivo" pode ter outra função que não a de ganhar sem ter que fazer esforço. Em primeiro lugar, a propriedade morta dá poder ao seu proprietário em uma sociedade centrada na propriedade.

Aquele que tem muitas propriedades geralmente é politicamente poderoso; ele parece ser uma grande pessoa porque é uma pessoa poderosa; as pessoas admiram sua grandeza porque preferem admirar a ter medo. O homem rico e poderoso pode influenciar os outros intimidando-os ou comprando-os; assim, ele adquire a posse da fama ou da admiração.

Marx fez uma bela análise desse último ponto:

> Aquilo que existe para mim por meio do *dinheiro*, aquilo pelo qual posso pagar (ou seja, que o dinheiro pode comprar), que *eu sou*, o possuidor do dinheiro. Meu próprio poder é tão grande quanto o poder do dinheiro. As propriedades do dinheiro são minhas próprias propriedades e faculdades (do possuidor). O que *eu sou* e *posso fazer* não é, portanto, de forma alguma determinado por minha individualidade. Eu *sou* feio, mas posso comprar *a mulher mais bonita* para mim. Consequentemente, não sou *feio*, pois o efeito da *feiura*, seu poder de repelir, é anulado pelo dinheiro. Como indivíduo, sou *coxo*, mas o dinheiro me dá vinte e quatro pernas. Portanto, não sou coxo. Sou um homem detestável, desonroso, inescrupuloso e estúpido, mas o dinheiro é honrado e seu possuidor também. O dinheiro é o bem mais elevado e, portanto, seu possuidor é bom. Além disso, o dinheiro me poupa o trabalho de ser desonesto; portanto, presume-se que eu seja honesto. Sou *estúpido*, mas como o dinheiro é a *verdadeira mente* de todas as coisas, como seu possuidor poderia ser estúpido? Além disso, ele pode comprar pessoas talentosas para si mesmo, e aquele que tem poder sobre os talentosos não é mais talentoso do que eles? Eu, que posso ter, por meio do poder do dinheiro, *tudo* o que o coração humano deseja, não possuo todas as habilidades do homem? Meu dinheiro, portanto, não transforma todas as minhas incapacidades em seus opostos?
>
> Se o *dinheiro* é o vínculo que me une à vida *humana*, e a sociedade a mim, e que me liga à natureza e ao homem, não é ele o vínculo de todos

os *vínculos*? Não é, portanto, também o agente universal da separação? É o verdadeiro meio tanto de *separação* quanto de *união*, o poder galvanoquímico da sociedade [...].

Uma vez que o dinheiro, como o conceito existente e ativo de valor, confunde e muda tudo, ele é a *confusão* e a *transposição* universal de todas as coisas, o mundo invertido, a confusão e a transposição de todas as qualidades naturais e humanas.

Aquele que pode comprar bravura é corajoso, embora seja um covarde. O dinheiro não é trocado por uma qualidade específica, uma coisa específica ou uma faculdade humana específica, mas por todo o mundo objetivo do homem e da natureza. Assim, do ponto de vista de seu possuidor, ele troca todas as qualidades e objetos por todos os outros, mesmo que sejam contraditórios. É a confraternização dos incompatíveis; força os contrários a se abraçarem.

Vamos supor que o *homem* seja *homem* e que sua relação com o mundo seja humana. Então, o amor só pode ser trocado por amor, a confiança por confiança etc. Se você deseja apreciar a arte, deve ser uma pessoa artisticamente cultivada; se deseja influenciar outras pessoas, deve ser uma pessoa que realmente tenha um efeito estimulante e encorajador sobre os outros. Cada uma de suas relações com o homem e com a natureza deve ser uma *expressão específica*, correspondente ao objeto de sua vontade, de sua vida *individual real*. Se você ama sem evocar o amor em troca, ou seja, se você não for capaz, por meio da *manifestação* de si mesmo como uma pessoa amorosa, de se tornar uma *pessoa amada*, então seu amor é impotente e um infortúnio.[43]

Essas considerações levam à conclusão de que a classificação convencional da propriedade em propriedade privada e pública (estatizada ou

---

43 Economic and Philosophical Manuscripts 1844, em E. Fromm, **Marx's Concept of Man** (Nova York: Frederick Ungar, 1961).

socializada) é insuficiente e até mesmo enganosa. O que mais importa é se a propriedade é funcional e, portanto, não exploradora, ou se é uma propriedade morta e exploradora. Mesmo que a propriedade pertença ao Estado, ou mesmo que pertença a todos os que trabalham na fábrica, ela pode entregar o comando sobre os outros aos burocratas que controlam a produção. De fato, a propriedade puramente funcional, como objetos de uso, nunca foi considerada por Marx e outros socialistas como propriedade privada que deveria ser socializada. Tampouco importa se a propriedade funcional é exatamente igual para todos. Essa preocupação com a igualdade de propriedade nunca foi uma preocupação dos socialistas; na verdade, ela está profundamente enraizada no espírito de propriedade que, gerando inveja, procura evitar qualquer desigualdade, pois isso geraria inveja.

A questão central é se a posse promove a atividade e a vivacidade do indivíduo ou se paralisa sua atividade e promove a indolência, a preguiça e a improdutividade.

16. Sobre a psicologia do ter

Com essa última observação, entramos na discussão do *ter* como um fenômeno mental e afetivo.

Falando primeiro sobre "propriedade funcional", está claro que não posso possuir mais do aquilo que poderia usar razoavelmente. Essa conexão entre possuir e usar tem várias consequências: (1) minha atividade é constantemente estimulada, pois, tendo apenas o que use, sou constantemente estimulado a ser ativo; (2) a ganância de possuir (avareza) dificilmente iria se desenvolver, pois só posso desejar ter a quantidade de coisas que se encaixam em minha capacidade de usá-las produtivamente; (3) dificilmente vou desenvolver inveja, pois seria inútil invejar outra pessoa pelo que ela tem quando estou ocupado usando o que tenho; e (4) não me preocupo com o medo de perder o que tenho, pois a propriedade funcional é facilmente substituível.

A posse institucional é uma experiência totalmente diferente. Ela é – além do ter e do ser funcionais – o outro modo elementar de experiência de si mesmo e do mundo. Esses dois modos de experiência podem ser encontrados em quase todos os seres humanos: são raros os que não vivenciam o ter de forma alguma; muito mais numerosos são aqueles para quem essa é quase a única experiência que conhecem. A maioria das pessoas é caracterizada por uma combinação específica dos modos do ter e do ser em sua estrutura de caráter. No entanto, por mais simples que o conceito e a palavra *ter* pareçam, descrever a experiência do modo do ter é difícil, especialmente porque essa descrição só pode ser bem-sucedida se o leitor responder não apenas intelectualmente, mas tentar mobilizar sua experiência afetiva com o ter.

Talvez, a abordagem mais útil para a compreensão do ter (no sentido não funcional) seja relembrar um dos *insights* mais significativos de Freud. Ele descobriu que, depois que o bebê passa por uma fase de mera receptividade passiva, seguida por uma fase de receptividade agressiva e exploradora, a criança, antes de atingir a maturidade, passa por uma fase que Freud designou como a fase erótica anal, que muitas vezes permanece dominante no desenvolvimento de uma pessoa e leva ao desenvolvimento do "caráter anal". Nesse contexto, é de pouca importância o fato de Freud acreditar que uma fase especial do desenvolvimento da libido era primária e que a formação do caráter era secundária (ao passo que, em minha opinião, assim como na de autores mais próximos de Freud, como Erik Erikson, a relação é inversa); o que importa é a visão de que a orientação predominante para a posse é vista por Freud como o período anterior à conquista da plena maturidade, e considerada patológica caso se torne permanente. Em outras palavras, para Freud, a pessoa preocupada exclusivamente com o ter e a posse é uma pessoa neurótica, mentalmente doente.

Esse ponto de vista pode ter sido uma bomba em uma sociedade que se baseia na propriedade privada e cujos membros vivenciam a si mesmos e sua relação com o mundo predominantemente em termos de posse. No entanto, até onde sei, ninguém protestou contra esse ataque aos valores mais elevados da sociedade burguesa, enquanto as modestas tentativas de Freud de desdemonizar o sexo foram recebidas com um uivo por todos os defensores da "decência". Não é fácil explicar esse paradoxo. O motivo seria o fato de que quase ninguém relacionava a psicologia individual com a psicologia social? Será que o valor moral supremo da propriedade era tão indiscutível que ninguém percebeu o desafio? Ou será que o ataque de Freud à moral sexual da classe média foi tão amargamente desprezado porque servia como defesa contra a própria hipocrisia, enquanto a atitude do público em relação ao dinheiro e às posses era completamente genuína e nenhuma defesa agressiva era necessária?

Seja como for, não há dúvida de que Freud acreditava que a possessividade como tal – isto é, o ter – era uma orientação doentia caso fosse dominante em uma pessoa adulta.

Ele utilizou vários tipos de dados para estabelecer sua teoria – em primeiro lugar, aqueles ricos dados em que os excrementos eram simbolicamente equiparados a dinheiro, posse e sujeira. De fato, há amplos dados linguísticos, folclóricos e míticos que confirmam isso. Freud já havia associado, em uma carta a Fliess de 22 de dezembro de 1897, dinheiro e avareza a fezes.[44] Em seu artigo clássico "Caráter e erotismo anal" (1908), ele acrescentou mais exemplos a essa identidade simbólica:

> As conexões entre os complexos de interesse em dinheiro e de defecação, que parecem tão diferentes, parecem ser as mais extensas de todas. Todos os médicos que já praticaram a psicanálise sabem que os casos mais refra-

---

44 Carta 79, *Standard Edition of the Complete Psychological Works of Sigmund Freud* (S.E.), vol. 1 (Londres: Hogarth Press, 1953-74), p. 272-73.

tários e de longa duração do que é descrito como constipação habitual em neuróticos podem ser curados por essa forma de tratamento. Isso é menos surpreendente se lembrarmos que essa função se mostrou igualmente passível de sugestão hipnótica. Mas, na psicanálise, só se consegue esse resultado quando se lida com o complexo monetário do paciente e o induz a trazê-lo à consciência com todas as suas conexões. Poder-se-ia supor que a neurose está aqui apenas seguindo uma indicação do uso comum na fala, que chama de "suja" ou "imunda" uma pessoa que mantém um controle muito cuidadoso sobre seu dinheiro. Mas essa explicação seria muito superficial. Na realidade, onde quer que os modos arcaicos de pensamento tenham predominado ou persistido – nas civilizações antigas, nos mitos, contos de fadas e superstições, no pensamento inconsciente, nos sonhos e nas neuroses –, o dinheiro é colocado na mais íntima relação com a sujeira. Sabemos que o ouro que o diabo dá a seus amantes se transforma em excremento após sua partida, e o diabo certamente nada mais é do que a personificação da vida instintiva inconsciente reprimida. Também conhecemos a superstição que conecta o achado de tesouros com a defecação, e todos estão familiarizados com a figura do "trocador de ducados" (*Dukatenscheisser*). De fato, mesmo de acordo com a antiga doutrina babilônica, o ouro são "as fezes do inferno" (Mammon = ilu mamman). Assim, ao seguir o uso da linguagem, a neurose, aqui como em outros lugares, está tomando as palavras em seu sentido original e significativo e, quando parece estar usando uma palavra figurativamente, no geral está simplesmente restaurando seu antigo significado.

É possível que o contraste entre a substância mais preciosa conhecida pelos homens e a mais sem valor, que eles rejeitam como matéria residual ("rejeito"), tenha levado a essa identificação específica do ouro com as fezes.[45]

---

45 *Freud's Collected Papers*, S.E. vol. 9 (1908). Tal conexão é importante por sua ligação com o fenômeno da necrofilia. Cf. E. Fromm, **A anatomia da destrutividade humana**.

Algumas palavras à guisa de comentário são pertinentes. Na noção babilônica de que o ouro são "as fezes do inferno", a conexão é feita entre ouro, fezes e morte. No inferno, ou seja, no mundo dos mortos, o objeto mais valioso são as fezes, e isso reúne a noção de dinheiro, sujeira e mortos.[46]

O último dos dois parágrafos citados aqui é muito revelador da dependência de Freud em relação ao pensamento de sua época. Buscando a razão para a identidade simbólica do ouro e das fezes, ele propõe a hipótese de que sua identidade possa estar baseada no próprio fato de seu contraste radical, sendo o ouro a substância mais preciosa e as fezes a substância mais sem valor conhecida pelo homem. Freud ignora a outra possibilidade de que o ouro seja a substância mais preciosa para a civilização, cuja economia é (geralmente) baseada no ouro, mas que isso não se aplica de forma alguma às sociedades primitivas para as quais o ouro pode não ter tido grande valor. Mais importante ainda, embora o padrão da sociedade *dele* sugira que o homem pense *sobre* o ouro como a substância mais preciosa, ele pode inconscientemente carregar a noção de que o ouro é morto, estéril (como o sal), sem vida (exceto quando usado em joias); que é trabalho acumulado, destinado a ser acumulado, o principal exemplo de posse sem função. É possível comer ouro? É possível fazer algo crescer com o ouro (exceto quando ele tiver sido transformado em capital)? Esse aspecto morto e estéril do ouro é mostrado no mito do rei Midas. Ele era tão avarento que seu desejo foi atendido e tudo o que ele tocava se transformava em ouro. Por fim, ele teve de morrer exatamente porque não se pode viver do ouro. Nesse mito há uma visão clara da esterilidade do ouro, e ele não é de forma alguma o valor mais alto, como Freud supunha. Freud era excessivamente fruto de seu tempo, demais para estar ciente do valor

---

46 *Ibid.*

negativo do dinheiro e da posse e, portanto, das implicações críticas de seu conceito de caráter anal, que discuti acima.

Independentemente dos méritos do esquema de desenvolvimento da libido de Freud, suas descobertas sobre os estágios receptivo e possessivo como estando entre os primeiros estágios do desenvolvimento humano fazem muito sentido. Os primeiros anos de vida de uma criança são necessariamente um período durante o qual o bebê não é capaz de cuidar de si mesmo, de formatar o mundo ao seu redor de acordo com seus desejos e com suas próprias forças. Ele é forçado a receber, a roubar ou a possuir, pois ainda não pode produzir. Assim, a categoria do ter é um estágio de transição necessário no desenvolvimento da criança. Mas se a possessividade continuar sendo a experiência dominante no adulto, isso indica que ele não atingiu a meta do desenvolvimento normal para a atividade produtiva, e sim ficou preso na experiência do ter devido a essa falha em seu desenvolvimento. Aqui, como em outras orientações, o que é normal em um estágio inicial da evolução torna-se patológico se ocorrer em um estágio posterior. O ter possessivo se baseia na redução da capacidade de atividade produtiva. Essa redução pode ser atribuída a muitos fatores. Por "atividade produtiva", entendo a expressão livre e ativa de suas faculdades, e *não* as ações motivadas por instintos ou pela necessidade compulsiva de agir de determinadas maneiras. Este não é o local adequado para essa discussão. Basta dizer que devemos procurar fatores como intimidação precoce, falta de estímulo e excesso de mimos, tanto individual quanto socialmente. Mas a sequência também é inversa; a orientação para o ter e sua satisfação enfraquecem o esforço e, por fim, a capacidade de fazer esforços produtivos. Quanto mais uma pessoa tem, menos ela se sente atraída a fazer esforços ativos.[47] O ter e a preguiça interior acabam formando um círculo vicioso, reforçando um ao outro.

---

47 Para uma discussão completa, ver E. Fromm, **A anatomia da destrutividade humana.**

***

Vejamos um exemplo de uma pessoa cuja orientação total é o ter: o *avarento*. O objeto de posse mais óbvio para ele é o dinheiro e seus equivalentes materiais, como terrenos, casas, bens móveis etc. A maior parte de sua energia é direcionada para mantê-lo, mais por meio de poupança e não uso do que por atividades comerciais e especulação. Ele se sente como se fosse uma fortaleza; nada deve sair dela, portanto, nada deve ser gasto além do absolutamente necessário. E o que é "absolutamente necessário" depende do grau de sua avareza.

É excepcional, embora não raro, que uma pessoa se prive de todas as comodidades da vida, como alimentação agradável, roupas bonitas e moradia decente, a fim de reduzir suas despesas a quase nada. A pessoa comum fica intrigada com o fato de uma pessoa se privar de todos os prazeres. Mas não se deve esquecer que esse não é realmente o caso; o avarento encontra o maior prazer justamente na experiência de sua posse; "ter" é para ele um prazer mais doce do que a beleza, o amor ou qualquer prazer sensual ou intelectual. O avarento rico apresenta um quadro que às vezes é menos óbvio. Ele pode até gastar milhões em filantropia ou em arte porque essa é uma despesa que (além das vantagens fiscais) é exigida por seu *status* social e por causa do valor publicitário de uma imagem favorável. Mas ele pode se esforçar ao máximo para estabelecer um sistema de controle que o proteja contra qualquer gasto desnecessário com frete, ou pode fazer esforços compulsivos para evitar que seus funcionários percam sequer um minuto de seu tempo de trabalho. (Bennet até relata que Henry Ford, o fundador da dinastia automobilística, usava as meias até que elas quase não pudessem mais ser consertadas e, com medo de que a esposa comprasse secretamente meias novas em uma loja, trocava-as em seu carro e jogava fora as velhas no caminho.)

O avarento não é movido apenas pela paixão por economizar coisas, mas também pela por economizar energia, sentimentos, pensamentos ou qualquer outra coisa que se possa "ter". Para ele, a energia existe em uma quantidade fixa, que ele tem e que não pode ser reposta. Portanto, todo gasto de energia que não seja absolutamente necessário deve ser evitado por diminuir seu estoque. Ele evita esforços físicos desnecessários e faz tudo da maneira mais curta possível. Normalmente, elabora métodos ordenados e pedantes para reduzir ao máximo o consumo de energia. Essa atitude com frequência se torna manifesta em seu comportamento sexual (esta manifestação se verifica principalmente entre homens, é claro). Para ele, o sêmen é um produto muito precioso, mas limitado em quantidade; o que for gasto será perdido para sempre. (O fato de ele saber intelectualmente que não é assim tem pouco efeito sobre o que ele sente em relação a isso.) Portanto, ele deve reduzir ao mínimo as relações sexuais para gastar apenas um mínimo de sêmen. Conheci vários homens que desenvolveram um sistema para alcançar o equilíbrio ideal entre as demandas de economia e de "saúde", que, segundo eles, exige uma certa quantidade de atividade sexual. (Esse complexo às vezes é a raiz da impotência masculina.)

Da mesma forma, o avarento tende a economizar palavras, sentimentos e pensamentos. Ele não quer gastar energia em sentimentos ou pensamentos; ele precisa dessa energia para as tarefas necessárias e inevitáveis da vida. Ele permanece frio e indiferente às alegrias e tristezas dos outros, até mesmo às suas próprias. Para substituir uma experiência viva, ele apela à memória de experiências passadas. Essas lembranças são um bem precioso e, muitas vezes, ele as repassa em pensamento como se estivesse contando dinheiro, gado ou estoques industriais. De fato, a lembrança de sentimentos ou experiências passadas é a única forma pela qual ele está em contato com suas próprias experiências. Ele está sentindo pouco, mas é *sentimental*; "sentimental" sendo usado aqui no sentido de "sentimentos sem sentimentos", o *pensamento* ou os *devaneios* sobre sentimentos, em vez de sentimentos *sentidos*. É um fato bem conhecido que muitas pessoas possessivas, frias e até mesmo cruéis – e as três coisas estão juntas –, que não se comovem com o sofrimento humano real, podem derramar lágrimas quando um filme apresenta uma dessas constelações que elas recordam de sua própria infância ou nas quais pensam em seus devaneios.

***

Até agora, ignoramos as diferenças nos objetos possuídos, juntamente com a respectiva diferença na experiência de possuí-los. Provavelmente, a diferença mais importante é entre objetos vivos e não vivos. Objetos não vivos – dinheiro, terra e joias – não se opõem ao seu proprietário. A única oposição pode vir de forças sociais e políticas que ameaçam a posse segura e protegida da propriedade. A garantia mais importante para essa segurança é a lei e o exercício da força pelo Estado, que a tornam eficaz. Aqueles cuja segurança interna é, em geral, baseada na posse são necessariamente conservadores e oponentes ferrenhos de movimentos que querem reduzir o monopólio da força do Estado.

Para aqueles cuja segurança se baseia na posse de seres vivos, especialmente de seres humanos, a situação é mais complexa. Eles também dependem da capacidade do Estado de "fazer cumprir" a lei, mas também são confrontados com a resistência do ser humano a ser possuído, a ser transformado em uma coisa que pode ser *possuída* e controlada. Essa afirmação pode ser questionada por alguns: eles apontarão o fato de que milhões de pessoas estão satisfeitas em serem governadas, que na verdade elas preferem o controle à liberdade. Em *O medo da liber-*

dade (1941), eu mesmo tentei indicar esse medo e a atração pela falta de liberdade. Mas a aparente contradição não é insolúvel. Ser livre, em vez de *ter* segurança, é assustador para qualquer pessoa que não tenha adquirido coragem para a aventura do ser. Ela está disposta a abrir mão de sua liberdade em vez de ter segurança. Ela está disposta a abrir mão de sua liberdade se a coerção for feita para parecer não coerção, se o controlador tiver as características de um pai benigno, se ela sentir que não é uma coisa controlada, e sim uma criança amada e guiada. Mas quando esse disfarce não é usado e o objeto de posse está ciente do que acontece com ele, sua primeira reação é de resistência, de todas as formas e por todos os meios. A criança resiste com as armas dos indefesos: sabotagem e obstrução – mais especificamente, suas armas são fazer xixi na cama, prisão de ventre, acessos de raiva e assim por diante. As classes desamparadas reagem, às vezes, por meio de sabotagem ou ineficiência, mas, como mostra a história, muitas vezes por meio de rebeliões e revoluções francas, que são as dores do parto de novos desenvolvimentos.

Seja qual for a forma que a luta contra a dominação assuma, ela tem uma profunda influência sobre aquele que deseja controlar. Ele deve desenvolver o esforço apaixonado para controlar os outros, e esse impulso se torna uma paixão carregada de luxúria. A tentativa de possuir ("ter") seres humanos leva necessariamente ao desenvolvimento do sadismo, uma das paixões mais feias e pervertidas.

O objetivo final de ter é ter *a si mesmo*. "Eu me tenho" significa que estou pleno de mim mesmo, sou o que tenho e tenho o que sou. O verdadeiro representante desse tipo de pessoa é o narcisista completo. Ele fica satisfeito apenas consigo mesmo; ele transforma o mundo inteiro em algo que lhe pertence. Não se interessa por nada nem por ninguém fora de si, exceto como objetos a serem incorporados à sua esfera de posses.

***

Um modo de experiência fundamentalmente semelhante ao do ter é o de consumir. De novo, podemos distinguir com facilidade entre consumo funcional (racional) e não funcional (irracional).

Se eu comer porque minha fome indica a necessidade de alimento para o meu corpo ou porque gosto de comer, minha alimentação é funcional e racional, no sentido de que serve para o funcionamento saudável de todo o meu organismo, incluindo meu paladar educado.[48] Mas se eu comer demais por ganância, depressão ou ansiedade, minha alimentação é irracional; ela me prejudica e não me ajuda fisiológica ou mentalmente. Isso se aplica a todo o consumo, que está enraizado na ganância e tem um caráter obsessivo: na avareza, na dependência de drogas, no consumismo de hoje e no consumo sexual. O que aparece hoje como uma grande paixão sexual que produz prazer é, na verdade, apenas uma expressão de ganância, uma tentativa de devorar-se um ao outro. É uma tentativa de duas pessoas, ou de uma delas, de tomar posse total da outra. Às vezes, as pessoas descrevem suas experiências sexuais mais ardentes com palavras como "devoramos um ao outro". De fato, elas caem uma sobre a outra como lobos famintos, e o estado de espírito básico é o de possessividade hostil e não o de alegria – para não falar de amor.

Encher-se de pessoas, comida ou outras coisas é uma forma mais arcaica de possuir e ter. Nesse último caso, o objeto que tenho ainda pode ser tirado de mim, por meio de força superior, truques e assim por diante. Minha posse requer uma situação social que garanta meu título.

Se eu introjetar o objeto que quero manter, ele estará a salvo de qualquer interferência. Ninguém pode me roubar o que eu engoli. Esse primeiro tipo de ter pode ser visto claramente na tentativa do bebê de

---

48 Cf. a discussão sobre racionalidade em E. Fromm, *A anatomia da destrutividade humana*.

levar coisas à boca. Essa é sua primeira maneira de ter com segurança. Mas é claro que, no que diz respeito aos objetos físicos, o método de introjeção é extremamente limitado; a rigor, ele só pode ocorrer com objetos que sejam comestíveis e não prejudiciais ao organismo. O canibalismo pode ter uma de suas raízes aqui: se eu acredito que o corpo de um homem, especialmente de um homem forte e corajoso, dá força, comê-lo seria o equivalente arcaico a adquirir um escravo.

Mas há um tipo de consumo que não é necessariamente pela boca. O melhor exemplo é o automóvel particular. Pode-se argumentar que esse tipo de propriedade é funcional e, por essa razão, não é equivalente à posse morta. Isso seria verdade se o carro particular fosse realmente funcional – mas não é. Ele não estimula ou ativa nenhum dos poderes da pessoa. É uma distração, permite que a pessoa fuja de si mesma, produz uma falsa sensação de força, ajuda a formar um senso de identidade com base na marca do carro que a pessoa dirige; impede que ela ande e pense, é exigente o suficiente para tornar impossível uma conversa concentrada e estimula a competição. Seria necessário escrever um livro para descrever em detalhe a função irracional e patogênica do tipo de consumo que o automóvel particular representa.

Em resumo: o consumo não funcional e, portanto, patogênico, é semelhante ao ter. Ambos os tipos de experiência enfraquecem – ou até mesmo destroem – o desenvolvimento produtivo do humano, privam-no da vivacidade e o transformam em uma coisa. Espero que a experiência do ter e do consumo não funcional ainda se torne mais clara à medida que continuarmos a contrastá-la com seu oposto, a experiência do ser.

Parte 6

17. Do ter ao bem-estar

Se o "bem-estar" (no sentido definido no início deste livro: funcionar bem como pessoa, não como instrumento) é a meta suprema de seus esforços, dois caminhos específicos que levam à conquista dessa meta se destacam: *romper com o narcisismo* e *romper com a estrutura de propriedade da própria existência.*

O narcisismo é uma orientação na qual todos os interesses e paixões são direcionados à própria pessoa: corpo, mente, sentimentos, interesses e assim por diante. De fato, como Narciso, pode-se dizer que a pessoa narcisista ama a si mesma, se é que essa paixão pode ser chamada de amor. Para a pessoa narcisista, somente ela e o que lhe diz respeito são totalmente reais; o que está fora, o que diz respeito aos outros, é real apenas em um sentido superficial de percepção, ou seja, é real para os sentidos e para o intelecto. Mas não é real em um sentido mais profundo, para nosso sentimento ou compreensão. Ela está, de fato, ciente do que é externo apenas na medida em que isso a afeta. Portanto, ela não tem amor, compaixão ou julgamento racional e objetivo. A pessoa narcisista construiu um muro invisível ao seu redor. Ela é tudo, o mundo não é nada. Ou melhor: ela é o mundo.

Os exemplos extremos de narcisismo quase total são o bebê recém-nascido e a pessoa insana; ambos são incapazes de se relacionar com o mundo. (Na verdade, a pessoa insana não está totalmente desvinculada, como Freud e outros supunham; ela se afastou. O bebê não pode se retirar porque ainda não abriu nada além de uma orientação solipsista. Freud se referiu a essa diferença distinguindo entre narcisismo "primário" e "secundário".) Entretanto, negligenciou-se o fato de que o adulto normal também pode ser narcisista, embora não no grau encontrado nesses extremos. Muitas vezes, ele demonstra seu narcisismo abertamente, embora não tenha consciência de que é narcisista. Ele pensa, fala e age apenas em relação a si mesmo, não demonstrando nenhum interesse realmente genuíno pelo mundo exterior. Pelo contrário, o "grande" homem se acha tão interessante que é lógico que ele queira que apreciemos as manifestações de sua grandeza. Se ele for inteligente, espirituoso, charmoso, poderoso, rico ou famoso, a pessoa comum não fará nenhuma exceção ao seu exibicionismo narcisista. Muitas pessoas, no entanto, tentam esconder seu narcisismo sendo particularmente modestas e humildes ou, de forma sutil, preocupando-se com assuntos religiosos, ocultos ou políticos, que parecem todos apontar para além do interesse particular.

O narcisismo pode se esconder em tantos disfarces que se pode dizer que é a mais difícil de todas as qualidades psíquicas a serem descobertas, e somente como resultado de um trabalho árduo e vigilância. No entanto, se não o descobrirmos e o reduzirmos consideravelmente, o caminho para a autocompletude estará bloqueado.

Semelhantes, mas bem diferentes do narcisismo, são o egocentrismo e o egoísmo, resultados do modo de existência da propriedade ou do ter. Uma pessoa que vive nesse modo não é necessariamente muito narcisista. Ela pode ter rompido a casca de seu narcisismo, ter uma apreciação adequada da realidade fora de si mesma, não necessariamente estar "apaixonada por si mesma"; ela sabe quem é e quem são os outros, e pode distinguir bem entre experiência subjetiva e realidade. No entanto, ela quer tudo para si mesma; não tem prazer em dar, em compartilhar, na solidariedade, na cooperação, no amor. Ela é uma fortaleza fechada, desconfiada dos outros, ansiosa por receber e relutante em dar. De modo geral, ela representa o caráter de acumulação anal. Ela é solitária, não se relaciona, e sua força está no que tem e na segurança de mantê-lo. Em contrapartida, a pessoa muito narcisista não é necessariamente egoísta, egocêntrica ou orientada para a propriedade. Ela pode ser generosa, doadora e carinhosa, embora todas essas características devam ser qualificadas pelo fato de que, para ela, a outra pessoa não é totalmente vivenciada como real. No entanto, podemos facilmente observar pessoas muito narcisistas cujos impulsos espontâneos são generosos e de doação, em vez de acumuladores e poupadores. Como as duas orientações – narcisismo e egoísmo – raramente são totalmente diferenciadas, devemos aceitar que, para o crescimento, é necessário um duplo rompimento: com o narcisismo e com a orientação para o ter.

A primeira condição para superar o egoísmo está na capacidade de estar ciente dele. É uma tarefa mais fácil do que a consciência do próprio narcisismo, porque o discernimento está muito menos distorcido, então é possível reconhecer os fatos com mais facilidade, e porque é menos fácil esconder essa condição. É claro que o reconhecimento da egocentricidade é uma condição *necessária* para superá-la, mas não é suficiente. O segundo passo a ser dado é adquirir ciência das raízes da orientação para o ter, como a sensação de impotência, o medo da vida, o medo do incerto, a desconfiança em relação às pessoas e muitas outras raízes sutis que cresceram tão densamente que muitas vezes é impossível arrancá-las.

Ter ciência dessas raízes também não é condição suficiente. Isso deve ser acompanhado de mudanças *práticas*, em primeiro lugar, afrouxando o controle que o egocentrismo exerce sobre a pessoa, começando a se libertar. É preciso abrir mão de algo, compartilhar e passar pela ansiedade que esses primeiros pequenos passos geram. Descobriremos, então, o medo de perder a si mesmo que se desenvolve quando contemplamos a perda de coisas, que funcionam como suportes para nosso senso de identidade. Isso implica não apenas abrir mão de algumas posses, mas, ainda mais importante, de hábitos, pensamentos familiares, identificação com o próprio *status* e até mesmo de frases em que a pessoa está acostumada a se apoiar, bem como da imagem que os outros podem ter dela (ou que a pessoa espera que tenham e tenta produzir); em resumo, se a pessoa tentar mudar o comportamento rotineiro em todas as esferas da vida, da rotina do café da manhã à rotina do sexo. No processo de tentar fazer isso, as ansiedades são mobilizadas e, quando não se cede a elas, cresce a confiança de que o aparentemente impossível pode ser feito – e uma inclinação à aventura aumenta. Esse processo deve ser acompanhado pela tentativa de sair de si mesmo e recorrer a outras pessoas. O que isso significa? Algo muito simples, se colocarmos em palavras. Uma maneira de descrevê-lo é que nossa atenção é atraída para os outros, para o mundo da natureza, das ideias, da arte, dos eventos sociais e políticos. Tornamo-nos "interessados" no mundo fora de nosso ego, no sentido literal de interesse, que vem do latim *inter esse*, ou seja, "estar entre" ou "estar ali", em vez de estar fechado em si mesmo. Esse desenvolvimento de "interesse" pode ser comparado a uma situação em que uma pessoa viu e sabe descrever uma piscina. Ela falou sobre ela de fora; sua descrição foi correta, mas sem "interesse". Mas quando ela pula na piscina, e, molhada, fala sobre a piscina, ela parece uma pessoa diferente falando sobre uma piscina diferente. Agora ela e a piscina não estão se opondo uma à outra (embora também não tenham se tornado idênticas). O desenvolvimento do interesse significa saltar e não permanecer como alguém de fora, um observador, uma pessoa separada do que vê. Se uma pessoa tem a vontade e a determinação de soltar as grades de sua prisão de narcisismo e egoísmo, quando tem a coragem de tolerar a ansiedade intermitente, ela vivencia os primeiros vislumbres de alegria e força que às vezes alcança. E só então um novo fator decisivo entra na dinâmica do processo. Essa nova experiência se torna a motivação decisiva para seguir em frente e seguir o caminho que ela traçou. Até então, sua própria insatisfação e considerações racionais de todos os tipos podem guiá-la. Mas essas considerações podem guiá-la apenas por um curto período. Elas perderão seu poder se o novo elemento não adentrar – a experiência de bem-estar, por menor que seja, e que parece tão superior a tudo o que foi experimentado até agora que se torna a motivação mais poderosa para o progresso adicional –, um elemento que se torna mais forte em si mesmo e por si só à medida que o progresso continua.

Para resumir mais uma vez: ter ciência, vontade, prática, tolerância ao medo e a novas experiências – tudo isso é necessário para que a transformação do indivíduo seja bem-sucedida. Em um determinado momento, a energia e a direção das forças internas mudaram até o ponto em que o senso de identidade do indivíduo também mudou. No modo de existência de propriedade, o lema é: "*Eu sou* o que *eu tenho*". Após a ruptura, é "Eu sou o que eu faço" (no sentido de atividade não alienada); ou, simplesmente, "Eu sou o que eu sou".

Referências

Bern, S. I. "Property", em P. Edwards (org.), *The Encyclopedia of Philosophy*. New York: Macmillan Comp. and the Free Press, 1967.

Brooks, C. V. W. *Sensory Awareness: The Rediscovery of Experiencing*. New York: Viking, 1974.

Eckhart, Meister. *Meister Eckhart*, trad. C. de B. Evans, org. Franz Pfeiffer. London: John M. Watkins, 1950.

Eckhart, Meister. *Meister Eckhart: A Modern Translation*, trad. R. B. Blakney. New York: Harper Torchbooks, Harper and Row, 1941.

Edwards, Paul (org.). *The Encyclopedia of Philosophy*. New York: Macmillan and The Free Press, 1967.

Fišer, Z. *Buddha*. Prague: Orbis, 1968.

Freud, S. *Character and Analeroticism*, S. E. Vol. 9, 1908.

Freud, S. *The Standard Edition of the Complete Psychological Works of Sigmund Freud* (S.E.), 24 Vols., org. J. Strachey. London: Hogarth Press, 1953-74.

Freud, S. *The Origins of Psycho Analysis*, S.E. Vol. 1 (1954).

Fromm, E. *A anatomia da destrutividade humana*. Rio de Janeiro: Guanabara, 1987.

Fromm, E. *Escape from Freedom*. New York: Farrar and Rinehart, 1941.

Fromm, E. *A linguagem esquecida: uma introdução ao entendimento dos sonhos, contos de fadas e mitos*. Rio de Janeiro: Guanabara, 1983.

Fromm, E. *Greatness and Limitations of Freud's Thought*. New York: Harper and Row, 1980.

Fromm, E. *Man for Himself. An Inquiry into the Psychology of Ethics*. New York: Rinehart & Co., 1947.

Fromm, E. *The Sane Society*. New York: Rinehart and Winston, 1955.

Fromm, E. *Sigmund Freud's Mission: An Analysis of His Personality and Influence*. Vol. 21, org. R. N. Anshen. New York: Harper & Bros., 1959.

Fromm, E. *Ter ou ser?*, trad. Diego Franco Gonçales. São Paulo: Paidós, 2024.

Hegel, G. F. W. *Philosophy of Right*, Secs. 41, 45.

Horney, K. *Self-Analysis*. New York: W. W. Norton and Comp., 1942.

Illich, I. *Deschooling Society*. New York: Harper and Row, 1970.

Illich, I. *Medical Nemesis: The Expropriation of Health*. New York: Pantheon, 1976.

Kierkegaard, S. *Purity of Heart and to Will One Thing: Spiritual Preparation for the Office of Confession*. New York: Harper and Brothers, 1938.

Luzzatto, M. C. *The Path of the Just*, 2ª ed., trad. Rabbi Yosef Leibler. Jerusalem and New York: Feldheim, 1974.

McGuire, W. (org.). *The Freud/Jung Letters*. Princeton: Princeton University Press, 1974.

Marx, K. "Philosophical-Economical Manuscripts 1844", in E. Fromm, *Marx's Concept of Man*. New York: Frederick Ungar, 1961.

Mumford, L. *The Myth of the Machine: Techniques and Human Development*. New York: Harcourt, Brace and World, 1967.

Nyanaponika, T. *The Heart of Buddhist Meditation*. New York: Samuel Weiser, 1973.

Spinoza, B. de. *Ethics*. New York: Oxford University Press, 1927.

Grundlagen des Fortschritts bestätigt durch wissenschaftliche Untersuchungen in die Transzendentale Meditation. Los Angeles: Maharishi International University, 1974.

Turnbull, C. M. *Wayward Servants: The Two Worlds of the African Pygmies*. London: Eyre and Spottiswoode, 1965.